Plazas de España

Plazas de España

por Wifredo Rincón García
Consejo Superior de Investigaciones Científicas de Madrid

ESPASA

Dirección
Jorge Hernández Aliques

Dirección Editorial
Juan González Álvaro

Dirección Grandes Obras
Jorge Montoro Bayón

Dirección de Producción
Antonio Merodio

ISBN: 84-239-9303-5
Depósito Legal M. 5.300-1998

Impreso en España / Printed in Spain
Mateu Cromo Artes Gráficas, S. A.

Índice

Nota preliminar

Se estudian en este volumen los conceptos, funciones, sentidos arquitectónicos y constantes urbanas con las cuales se conforman las Plazas Mayores de España. Desde los primeros asentamientos en la península ibérica, la plaza es el centro vital, el punto de encuentro o celebración socio-política, el lugar de intercambio, mercados, fiestas populares y espectáculos. Partiendo de un análisis de las distintas modalidades de plazas construidas en las diferentes comarcas, el autor señala los rasgos particulares para desembocar en las tendencias generales de las composiciones que imprimen carácter a la región.

Distingue Wifredo Rincón entre plazas autóctonas, que no responden a programas y que califica de *ordenadas*, y plazas *programadas*, resultado de proyectos previos, elaborados atendiendo al gusto y la sensibilidad artística e intelectual de cada época. La *Plaza Mayor*, designada como tal, subsiste desde que fueron creadas con las casas consistoriales dispuestas por los Reyes Católicos. A pesar de los cambios de nombre, derivados de los acontecimientos políticos, su concepto social y urbano ha superado las circunstancias temporales.

El autor completa el trabajo con una excelente documentación gráfica (esquemas y fotografías realizados expresamente para esta obra) que permite una lectura paralela y aporta las imágenes que testifican las investigaciones llevadas a cabo *in situ*. PLAZAS DE ESPAÑA es el primer estudio de conjunto que asume la responsabilidad de ofrecer al lector aquellos elementos urbanos y arquitectónicos que expresan la sensibilidad de los pobladores, representada por los materiales disponibles.

Wifredo Rincón García (Zaragoza, 1956) es doctor en Historia del Arte por la Universidad de Zaragoza y miembro desde 1985 del cuerpo de investigadores del Consejo Superior de Investigaciones Científicas, en el Centro de Estudios Históricos y Departamento de Historia del Arte «Diego Velázquez». Académico de número de la Real Academia de Bellas Artes de San Luis de Zaragoza, es también correspondiente de la Real Academia de Bellas Artes de San Fernando y de la de Alfonso X el Sabio de Murcia, perteneciendo así mismo a la Real Sociedad Económica Aragonesa de Amigos del País de Zaragoza, a las Asociaciones Nacional e Internacional de Criterios de Arte y al Comité Español de Historiadores del Arte. Desde 1989 es presidente de la Asociación Española de Pintores y Escultores.

Entre sus numerosas publicaciones conviene destacar: *La Orden del Santo Sepulcro en Aragón* (1982); *Un siglo de escultura en Zaragoza (1808-1908)* (1984); *Arte medieval*, dentro del volumen XXX de la colección *Summa Artis* dedicado al arte portugués (1986); la monografía sobre el pintor *Francisco Pradilla* (1987) y el catálogo de la exposición dedicada a este maestro en el Museo Municipal de Madrid en el mismo año; así como diversos trabajos sobre iconografía de los santos, entre los que mencionaremos *Iconografía de los santos aragoneses* (1982) e *Iconografía de los santos portugueses*. También *Diccionario de los santos e iconografía cristiana*. Coordinó la *Historia de la Arquitectura Española*, de editorial Planeta.

La Plaza Mayor de Madrid en 1618 según un lienzo anónimo del Museo Municipal de Madrid. En el centro aparece el rey Felipe III con su comitiva.

Introducción

La mejor cualidad que debe tener un trabajo histórico y de investigación, un artículo o un libro, es merecer el sencillo calificativo de útil. Y ese ha sido, desde el principio, el propósito que nos ha guiado. Para ello partíamos de un estudio íntimamente relacionado con esta materia y que dimos a conocer hace algún tiempo (Ayuntamientos de España, Espasa Calpe, Madrid, 1988), donde encontramos ya algunas de las dificultades con las que nos hemos vuelto a enfrentar en el presente volumen.

En realidad, el estudio de la problemática de las plazas españolas es de fecha reciente y apenas contamos con trabajos rigurosos y aclaratorios, si bien es cierto que pueden citarse algunas aportaciones de gran entidad. Así, los artículos «La plaza mayor dans l'urbanisme hispanique. Essai de Typologie», de Bruno Vayssière, y «Le concept de Plaza Mayor en Espagne depuis le XVIe s.», de Antonio Bonet Correa (ambos en *Forum et Plaza Mayor dans le Monde Hispanique*, Publicaciones de la Casa de Velázquez, Boccard-París, 1978), y el excelente libro de Luis Cervera Vera, *Plazas Mayores de España I* (Espasa Calpe, Madrid, 1990).

Tampoco el estudio pormenorizado de cada una de las principales plazas ha merecido la atención de los historiadores, para ello remitimos al lector al apartado bibliográfico, donde se reflejan los contados estudios monográficos sobre algunos ejemplos, aunque no siempre vienen a corresponder a los conjuntos arquitectónicos más representativos. También aquí habrá nuevamente que hacer mención de los ya citados Bonet y Cervera.

Por nuestra parte, pretendemos dar una visión general de lo que constituye el fenómeno urbanístico de la Plaza Mayor, o principal, en las diferentes capitales españolas, trazando un esquema preliminar en el que se contemplan las principales peculiaridades, su génesis y desarrollo, y esbozando su compleja tipología. También tratamos de concretar su morfología, con los edificios que la integran y los elementos ornamentales y mobiliario urbano que en ellas encontramos. No hemos olvidado comentar las funciones de este espacio público, desde el comercial al lúdico, pasando por su representatividad municipal, o su relación con lo religioso y judicial. Por último, hemos abordado el proceso de su denominación, bastante generalizado en las diferentes ciudades, y siempre dependiente, más que de la evolución social, de los avatares políticos y bélicos que se sucedieron en nuestro país, sobre todo en los siglos XIX y XX.

El grueso del libro es un catálogo de algunas de las principales plazas españolas, cuya inclusión responde a ciertas premisas que nos han parecido las más oportunas. En primer lugar se ha tenido en cuenta el aspecto geográfico, procurando que estuviesen presentes ejemplos de todas las autonomías, lo que, junto a los esquemas y constantes nacionales, añade las peculiaridades de cada región, condicionadas por el clima, usos y costumbres. También se ha prestado especial atención a su carácter y génesis; se incluyen tanto plazas que han evolucionado de una manera espontánea, a partir del espacio de mercado medieval, como las programadas de una manera sistemática y racional por medio de los oportunos proyectos. En cada una de ellas se ha puesto el empeño en señalar su génesis a manera de pequeña introducción, el desarrollo evolutivo que ha tenido, cuando se trataba de ejemplares del primer grupo mencionado, o de sintetizar puntualmente los detalles de su proceso constructivo en el segundo. En ambos casos, el análisis morfológico, los pormenores y descripción de edificios principales, el dato anecdótico de los diversos actos de que han sido escenario, ha resultado obligado. Y desde luego, más que la importancia de la ciudad en la que se encuentra, hemos procurado mostrar aquellos ejemplares más peculiares, aunque en ocasiones correspondan a modestas localidades, pues por su interés arquitectónico y urbanístico debían constar en esta antología. Muchos de estos espacios públicos, tradicionalmente ignorados, se han hecho acreedores de la atención que merecían, están siendo restaurados y, en algunos casos, incluso, han sido declarados Monumento Histórico-Artístico.

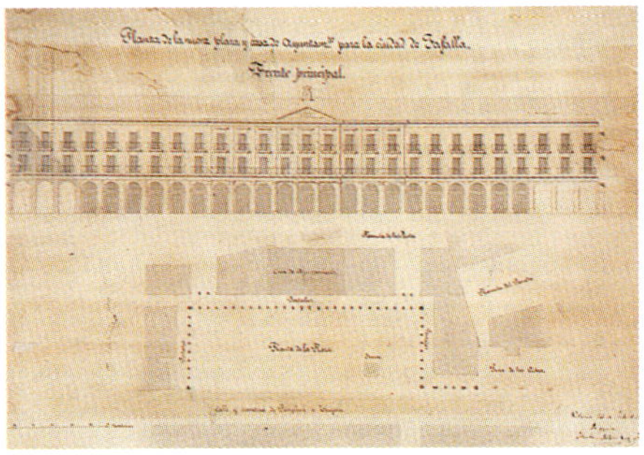

Plano de la Plaza Mayor de Tafalla en 1856, según plano de Martín Saracíbar.

Finalmente, solo nos resta —tras mostrar nuestro agradecimiento a los municipios que nos han facilitado material acerca de las plazas que aquí se reseñan— expresar nuestro deseo de que este estudio pueda servir para un mayor conocimiento de esta parcela urbanística y arquitectónica de la cultura y de que estas páginas sean una síntesis, una perspectiva precisa de su realidad, conscientes de que cada plaza posee su propia personalidad, trasunto de la idiosincrasia de la villa o ciudad y de sus habitantes.

LA SINGULARIDAD DE LA PLAZA ESPAÑOLA

Sobre la definición de plaza

Si atendemos al *Diccionario de la Real Academia Española*, el término plaza viene del latín *platea* y ya en el siglo XIII Berceo habla de ella como «lugar ancho y espacioso dentro de poblado». En el siglo XVIII, Leandro Fernández de Moratín concreta el término señalando que es el «lugar donde se venden los mantenimientos y se tiene trato común de los vecinos comarcanos, y donde se celebran las ferias, los mercados y fiestas públicas».

El llamado *Diccionario de Autoridades* de la Real Academia Española, de 1737, precisa algo sobre la Plaza Mayor: «Tiene [Valladolid] una plaza mayor, al rededor de la qual estan todos los oficios y Mercaderes.»

Génesis y desarrollo de la plaza española

El origen de gran parte de las plazas de nuestro país hay que buscarlo en el espacio destinado al comercio de mercancías, amplios lugares al aire libre que constituían un obligado punto de encuentro que, con el tiempo, se aprovecharía para otro tipo de concentraciones, tanto cívicas como religiosas, festejos taurinos, autos de fe, ajusticiamientos ejemplares, beatificaciones, etc.

Las primeras plazas de la península ibérica

Se tiene constancia de que ya en los asentamientos prehistóricos de la cultura argárica existía un espacio que se dedicaba a mercado y se ubicaba de forma espontánea. Sin embargo, hasta el primer milenio no puede hablarse de un incipiente urbanismo; en las poblaciones de los íberos se encuentran restos de edificios de mampostería y adobe articulados de tal forma que dejan espacios vacíos, lo que podemos considerar como incipientes plazas, posiblemente para realizar mercado, y en los castros celtas ocurre lo mismo.

Plaza Mayor de Vic, en una vista aérea.

En las colonias fenicias del sur de España, con una economía comercial mucho más desarrollada, resulta más que probable la existencia de lugares de mercado ya definidos que tal vez existieran en centros como Gades (Cádiz) o en Málaka (Málaga). No conocemos la primitiva planta del gran asentamiento cartaginés de Cartago Nova (Cartagena) —guiados por los mismos intereses y actividades que los fenicios—, pero es probable que contara con una gran plaza para mercado. De una manera más precisa lo tenemos en las colonias de los griegos focenses, tal y como ocurre la antigua Ampurias, que muestra en su planta, del siglo V a. C., un trazado hipodámico con dos calles principales perpendiculares en cuya confluencia se abre un amplio espacio rectangular.

Será ya en las poblaciones y ciudades romanas de Hispania donde podamos encontrar, dentro de su característico urbanismo reticular, verdaderos enclaves como son los foros o plazas donde se realizaba el mercado y todo tipo de actividades humanas.

La plaza española en la Edad Media

Durante la Edad Media, la plaza pública y lugar del mercado va a evolucionar de acuerdo con las características e idiosincrasia de los diferentes pueblos que ocuparon la península ibérica. En la España visigoda, las grandes urbes se asientan sobre las antiguas ciudades y poblaciones romanas, cuyo peculiar urbanismo no sufre una alteración importante. Existen noticias documentales sobre la existencia de espacios o plazas dedicadas a mercado desde el siglo VII. En estos espacios también tenían lugar juegos y representaciones teatrales y se celebraban ejecuciones ejemplarizantes.

Tras la invasión musulmana, y durante toda la Alta Edad Media, los reinos cristianos siguieron la tradición romana de los lugares de mercado; se conoce un documento del siglo IX, un diploma de Ordoño I fechado el 20 de abril del año 857, por el que el soberano concedía a la sede episcopal de San Salvador de Oviedo la mitad del portazgo y de las penas pecuniarias que se percibiesen en el mercado. Pronto, con objeto de concentrar el comercio y asegurar los impuestos, se señalaron por parte de los soberanos los lugares y fechas de los mercados y ferias en las diferentes ciudades.

En contraposición con esto, y al mismo tiempo, en las ciudades hispano-árabes —de acuerdo con costumbres islámicas— el comercio se ubicaba simultáneamente en diferentes lugares, como las alcaicerías, los zocos y las tiendas permanentes. Su tortuoso urbanismo no se acomodaba a la formación de grandes espacios o plazas, aunque en algunos casos aparecen los *suq* como lugares permanentes de mercado, de los que derivará la palabra zoco, mantenida todavía en algunos lugares, como en la toledana plaza de Zocodover, cuya existencia conocemos ya en 1176.

Durante la Baja Edad Media, las ciudades cristianas cuentan ya con una economía urbana y mercados francos concedidos por los monarcas, lo que se corresponde con una afirmación de Alfonso X en las *Partidas*, donde se señala que «al establecer que Ferias e mercados en que usan los omes a fazer vendidas, e compras, e cambios, non las deuen fazer en otros lugares, si non en aquellos que antiguamente acostumbraron fazer. Fueras ende, si el rey otorgase por su priuilejo, poder a algunos lugares de nueuo, que las fiziesen».

Será en los últimos siglos del medievo cuando el espacio del mercado comience a configurarse como plaza. Se levantan entonces en su entorno una serie de edificios que servirán de viviendas a los mercaderes y para alojar en sus bajos tiendas permanentes, que se comunicaban por escaleras interiores con las habitaciones de los comerciantes.

Paulatinamente, y ante los edificios, se construyeron soportales; de madera en Castilla —pies derechos con zapatas o carreras—, mientras que en Aragón, Cataluña, Navarra o Galicia, debido a la dureza del clima, más lluvioso, se levantaron con arquerías de piedra.

Pronto, el espacio público de la plaza de mercado —el mayor disponible en la población— comenzó a ser utilizado para fiestas y todo tipo de celebraciones, y se hizo escenario de las actuaciones de trovadores y juglares, tal como recoge Jovellanos: «Castilla estaba ya llena de trovadores, juglares y juglaresas, de danzantes, representantes y menestrales, de mimos y saltimbanquis, y otros bichos de semejante ralea. Mientras los más sobresalientes admitidos en los palacios y castillos consagraban su talento a la diversión de los grandes señores, los menos entretenían con sus bufonadas al pueblo congregado en las plazas y corrillos.»

Respecto a las fiestas de toros, son citadas en las *Partidas* de Alfonso X, y así sabemos que a finales del siglo XIII ya se celebraban en Zamora. Pero en aquel siglo la plaza del mercado no llega aún a tomar la exclusiva de todos los espectáculos públicos, sino que los comparte con otros lugares populares de reunión, como las almuzaras, los cosos y la tela, espacios mucho más abiertos donde tenían lugar ejercicios ecuestres, alardes y todo tipo de juegos.

Fotografía de la plaza del Torico, en Teruel, a principios de siglo.

El nacimiento del concepto de Plaza Mayor

En los albores de la Edad Moderna, y durante el reinado de los Reyes Católicos, las proporciones alcanzadas por la plaza del mercado en numerosas localidades —mayores que el resto de las zonas abiertas de la ciudad— hicieron que esta adquiriese más importancia, hasta convertirse en Plaza Mayor cuando se erigieron en ellas las Casas Consistoriales. Junto a la finalidad comercial que ya tenía desde antiguo este espacio público, considerado también lugar de celebraciones y escenario de todo tipo de festejos, surgirá una nueva dedicación, que con los años sustraerá protagonismo al mercado: su función como asiento de la representatividad municipal, exponente del poder social que va alcanzando el Concejo, y marco de los principales actos políticos y sociales. La importancia de estos nuevos enclaves, testimonio del poder civil del municipio, se aprecia en las distintas disposiciones sobre la construcción de edificios para acoger a la cada día más floreciente institución municipal. Buena muestra de ello son las *Ordenanzas*, promulgadas por los Reyes Católicos en 1480, a raíz de las Cortes de Toledo: «Ennoblescense las ciudades y villas en tener casas grandes y bien hechas en que hagan sus ayuntamientos y concejos, y en que se ayunten las justicias y regidores y oficiales a entender en las cosas cumplideras a la república que han de governar. Por ende, mandamos a todas las justicias y regidores de las ciudades y villas de nuestra corona real, y a cada una de ellas que no tienen casa pública de Cabildo o Ayuntamiento para se ayuntar, que dentro de dos años primeros siguientes, contados desde el día que estas nuestras leyes sean publicadas y pregonadas a veinte y ocho días del mes de mayo del año de ochenta años, cada una de las dichas ciudades y villas hagan su casa de ayuntamiento y Cabildo donde ayunten, so pena que en la ciudad i villas donde no se ficiere, dentro del dicho término, que dende en adelante los dichos oficiales hayan perdido y pierdan los oficios de justicia y regimiento que tienen», lo que se sancionaría en la Pragmática promulgada en Sevilla el 9 de junio de 1500. No hay que olvidar que hasta ese momento gran parte de los Concejos se solían reunir en lugares al aire libre o en los atrios de templos y en plazuelas.

Como en numerosas ocasiones la plaza del mercado coincidía con la que solía existir en torno a la iglesia, al regularse el espacio de la plaza, el edificio sagrado quedaba integrado en el conjunto.

La presencia del Consistorio en la plaza del mercado reforzó su conversión en Plaza Mayor y obligó a una constante atención hacia el conjunto arquitectónico y a la ordenación de su perímetro, que tenderá a la forma regular del espacio, buscando cierta homogeneidad en sus fachadas, tanto en altura como en la disposición de vanos, balcones o soportales. A estas medidas colaboraron de manera firme las pragmáticas de los soberanos, tal y como ocurrió con Felipe II, aconsejado por el grupo de grandes arquitectos que le rodeaban. Será precisamente bajo el reinado de este monarca cuando se comiencen a construir plazas mayores de nueva planta que se proyectan ya de acuerdo con la compleja función que van a desempeñar. El primero de estos espacios será la Plaza Mayor de Valladolid, donde intervendría el propio Juan de Herrera, entonces arquitecto real. A principios del siglo XVII, bajo Felipe III, Juan Gómez de

Plaza de la Constitución de San Sebastián según una imagen de comienzos de siglo.

Mora iniciaría la construcción de una nueva Plaza Mayor para Madrid que, sin embargo, no tendrá nunca carácter municipal, pues el Ayuntamiento se localiza desde época medieval en la plaza de la Villa.

En el último tercio del siglo XVIII y como consecuencia del pensamiento ilustrado, surge la Plaza Mayor que se ha dado en denominar «programada», que responde a un proyecto único, como lugar de encuentro y símbolo del bienestar de los habitantes de la ciudad. En la segunda mitad del siglo XIX, la Plaza Mayor se convierte en el exponente de la prosperidad económica del lugar.

Morfología de la plaza española

De acuerdo con el desarrollo que hemos contemplado, y atendiendo a su planta, podríamos clasificar a las plazas españolas en dos grandes apartados:

Plaza espontánea, que también podríamos denominar como «de evolución», pues se va adecuando a las necesidades de aquellos que se ubican en ella, y, a causa de tales circunstancias y vicisitudes, resulta de forma irregular, en muchos casos a pesar de los diferentes intentos que en diversos momentos determinados se llevaron a cabo para su regulación.

Plaza programada, cuya construcción responde a un proyecto concreto y prefijado, y es por tanto de forma regular. Sin pretender detenernos en los distintos aspectos adoptados por nuestras plazas mayores, debemos mencionar que los «modelos» más característicos responden a estas figuras geométricas: cuadrado, rectángulo, hexágono, octógono y círculo.

Por lo que se refiere a su fisonomía, es resultado de los edificios que la integran. En primer lugar hay que mencionar las Casas Consistoriales, que le dan el carácter oficial. También encontramos diversos inmuebles públicos de carácter comercial, como las casas de panadería, carnicería, pósitos y mercados, entre otros.

En el aspecto religioso convendrá destacar cómo, en numerosas ocasiones —principalmente en las poblaciones más pequeñas—, iglesias, conventos y ermitas —muchas veces anteriores a la propia plaza— conviven con los edificios civiles. La separación entre el poder de la Iglesia y del municipio se hará más patente en las grandes ciudades, sedes episcopales.

Un elemento que servirá para dar regularidad a estos espacios será la unificación de sus edificios, parcial o total, con soportales en la primera planta.

De acuerdo con su ubicación en la trama urbana, y a modo de ligero inventario que testimonia la variedad de nuestras plazas, podríamos mencionar algunas de las muchas modalidades de plazas que encontramos diseminadas por nuestra nación, aunque se puede casi llegar a afirmar que cada una de ellas es un fenómeno único e irrepetible, conforme a la idiosincrasia de los ciudadanos, el clima o los materiales que se utilizaron en su construcción. En relación con el agua, podemos encontrar plazas que se abren al mar y otras ubicadas junto al cauce de un río o atravesadas por él; cuando atendemos a la presencia de un templo, en muchos casos la plaza alberga la parroquia principal del pueblo o ciudad, o bien una ermita, un convento, incluso la catedral.

El Casino de Santander, en la actual plaza de Italia, antigua plaza del Pañuelo.

Por su carácter singular mencionaremos que en Santa María de Tera (Zamora), en la misma Plaza Mayor se localiza el cementerio de la población.

Por último, nos referiremos al resto de los edificios que configuran la plaza, las casas con destino a viviendas, en numerosos casos levantadas sobre soportales para acoger a los mercaderes.

Un interesante aspecto a tener en cuenta en la morfología de la plaza es el conjunto de elementos ornamentales y el mobiliario urbano. Por sus especiales características de grandes perspectivas, y por ser un lugar muy frecuentado, la plaza es la ubicación perfecta para esculturas y monumentos, no solo por su especial vistosidad, sino también para rendir homenaje popular a grandes hombres o recordar sucesos claves en la historia de la localidad. Por ello, son muchos los ejemplos en los que, como la estatua ecuestre de Felipe III en la Plaza Mayor de Madrid, esos elementos artísticos centran el trazado de la plaza. Sobre este aspecto, y ya en el siglo XVIII, tenemos un testimonio del abate Ponz en su *Viaje de España* (t. III, carta III, p. 259): «Volviendo a las estatuas, quiero decir a usted un pensamiento, y es que si se considerase bien el efecto que causan estos objetos de escultura en los parajes públicos, sin duda que se procurarían semejantes magnificencias mucho más de lo que se practican entre nosotros, pues, sin embargo de no ser las referidas estatuas más de lo que he dicho a usted, dan un no sé qué de grande y respetable al templo y a la plaza que hay delante de él. Muchas veces me ha ocurrido que Madrid carece de estos objetos, acaso por no pensar en ello ni caer en la cuenta de la grandiosidad y ornamento que de ellos resulta colocados en plazas, calles principales, en las entradas de cortes y ciudades. El célebre caballo del Retiro, verbigracia, con la estatua de Felipe IV encima; el que hay de Felipe III en la Casa de Campo; las estatuas del Narciso y de Carlos V pisando el Furor, y otras encerradas en el Jardinito de San Pablo, del Retiro, parece que se estuvo estudiando en dónde ponerlas para que pocos las viesen, en lugar de que, si se hubiesen puesto en parajes públicos dentro de Madrid, le hubieran dado tanto ornamento que podría competir con las más suntuosas ciudades, así por la mole de dichas obras como por el acierto de su ejecución. Y si no, figurémonos que la estatua de Felipe IV se sacase de la estrechez de donde ahora se halla encerrada y se colocase en lo más elevado de la calle de Alcalá, sobre aquel magnífico pedestal que ahora tiene. ¿No sería un objeto estupendo para cuantos entrasen en Madrid por la expresada Puerta de Alcalá, y al mismo tiempo no causaría igual contento a los que caminasen hacia ella por la calle Mayor, etc.? Pusiérase la de Felipe III (que ahora se puede casi decir que está escondida dentro de un bosque) en medio de la Plaza Mayor. ¿Se podría dar ornamento que le igualase ni espectáculo más serio para engrandecer aquel sitio?» A guisa de ejemplo podemos decir que en estos momentos el Ayuntamiento de La Coruña va a erigir el monumento a María Pita que se proyectó, sin que llegase a realizarse, a últimos del pasado siglo.

Casas de la Plaza Mayor de Pedraza.

La fuente, que en un primer momento cumplía la función práctica de abastecer de agua a la población, elegida la plaza como el lugar más frecuentado y céntrico, adquirió, posteriormente, en el último tercio del XVIII, un carácter eminentemente estético. En un texto del 11 de agosto de 1600 que hace mención a la Plaza Mayor de Oviedo se habla «de la gran falta que hay de lavadero en el contorno de esta Ciudad, y por esta razón las mozas laban en el caño de la Plaza, cosa muy indecente».

Para el embellecimiento estarían los jardines, pero muchos de ellos, desgraciadamente, han perdido su frondosidad, tras haberse construido en nuestros días numerosos aparcamientos en los subsuelos de las plazas y quedar estas convertidas en «plazas duras», inservibles para su mantenimiento; así ocurre en Madrid, Bilbao, Zaragoza y La Coruña, por ejemplo.

A partir del siglo XIX, consideradas ya las plazas como lugares de encuentro y recreo, se planteó la colocación de bancos para el descanso, y aparecieron los quioscos de la banda municipal, que servía de solaz y deleite para los ciudadanos en los conciertos de las mañanas de domingo. Y por los mismos años, la presencia de las farolas, primero con gas y después con alumbrado eléctrico, se hizo imprescindible. A mediados del siglo XX se generaliza la instalación de papeleras con objeto de que los paseantes colaborasen en la limpieza y mantenimiento.

La plaza de la Villa de Madrid, con la Torre de los Lujanes al fondo, según una imagen realizada hacia 1880.

Finalmente, y en este apartado, habrá que referirse a las decoraciones efímeras con motivo de alguna gran celebración. Así, el profesor Bonet Correa nos da cuenta de que «en tales ocasiones —como la entrada de la reina María Luisa de Parma en el año de 1765— (...) la plaza [la de Madrid] se ornaba con reposteros y colgaduras carmesí en los balcones y se encendía con más de 3.000 antorchas y 20.000 morteretes de cera, iluminación pagada a expensas de la villa».

Funciones de la Plaza Mayor

Desde el momento en que aparece la plaza en el tejido reticular urbano, su primera función es la comercial, ya que se trataba del lugar donde los ciudadanos intercambiaban productos u ofrecían en venta sus mercancías. También, y durante siglos, fue el espacio en el que se celebraban los mercados oficiales y las ferias. La importancia de esta función es tan considerable que, cuando surgen las plazas programadas, el arquitecto no olvida reservar los bajos de los edificios para las tiendas permanentes.

Con el nacimiento del concepto de Plaza Mayor, este espacio público asume la máxima representatividad de la ciudad; en ella se emplazan sus dependencias municipales, en la mayoría con la presencia del Consistorio, y sirven para multitud de acontecimientos: discursos del alcalde, del monarca o de destacadas figuras gubernamentales que visitaban la localidad, recibimientos oficiales, proclamaciones, ajusticiamientos ejemplares —que en multitud de casos llegan hasta el siglo XIX—, etc.

Otra función de gran tradición y antigüedad, tan solo superada por la comercial, es la de escenario de actos lúdicos: juegos, teatro, conciertos, recitales, bailes, etc. Tenemos noticia de que en la plaza de Oviedo se celebraron bailes populares hasta bien entrado el siglo pasado. Precisamente en virtud de Real Provisión de 1784, trató la Audiencia de corregir supuestas faltas de honestidad en las danzas que en los días festivos se celebraban en la «plaza mayor de esta ciudad», disponiendo que los hombres no se acercasen «a las danzas de las mugeres a la distancia de dos varas a lo menos en contorno del cerco o rueda que formasen con ellas...».

En este apartado adquiere especial importancia —de acuerdo con la identidad española— la celebración de festejos taurinos. Las plazas se adecuaban para tal uso con la construcción de talanqueras y tablados, e incluso los munícipes mandaban construir «balcones», en los casos en que el Ayuntamiento no se ubica en la Plaza Mayor, como ocurre en León. Los muros de los edificios que configuran las plazas se rasgan en multitud de balcones, a veces con antepechos corridos, para aumentar la capacidad de los mismos. A mediados del siglo XIX se comenzaron a edificar las plazas de toros permanentes, y se abandona la costumbre de celebrar corridas de toros en la plaza, aunque aún se conserve en algunos lugares, como en Chinchón. En los días de festejo, los vecinos estaban obligados a alquilar los balcones, y se daba una pequeña parte de lo producido al propietario, quedando el resto en las arcas municipales. En Madrid, a partir del 30 de junio de 1620 se señala el precio de doce ducados para el primer piso, ocho para el segundo, seis para el tercero y cuatro para el cuarto. Naturalmente, estos alquileres eran solo para la tarde, ya que durante la mañana serían disfrutados por los inquilinos de las viviendas.

La plaza de la Constitución del pueblo zaragozano de Borja en una foto de finales del siglo XIX.

En ocasiones, y a pesar de que los edificios religiosos, como ya se ha apuntado, tanto catedrales y parroquias como conventos, solían abrirse a su propia plaza, que en algunos casos llegaba a alcanzar gran relevancia, para los actos de mayor solemnidad las autoridades eclesiásticas solían preferir el espacio de la Plaza Mayor, por lo que también fue marco de grandes procesiones, beatificaciones, conmemoraciones religiosas y, hasta 1828, escenario de numerosos autos de fe.

Nombres de la Plaza Mayor

Nos ocuparemos por último de un aspecto interesante: los nombres que reciben las plazas mayores españolas. Tras un primer período en el que las plazas se denominaron, atendiendo a su origen, plaza del mercado, y ya con los Reyes Católicos, al encontrarse entre sus edificios el del Ayuntamiento, plaza de la ciudad o plaza de la villa, a partir de principios del XIX, y debido a los acontecimientos políticos y bélicos que van a sucederse, y también a la veleidad que caracteriza a los gobernantes españoles en muchas de sus acciones, la Plaza Mayor ha llegado a lucir en sus rótulos un rosario interminable de nombres.

Durante las Cortes de Cádiz, en 1812, el diputado don Antonio de Capmany y de Montapalau propuso que «la plaza principal de los pueblos de España en donde se celebrase el acto solemne de publicar la Constitución política de la Monarquía se denominase en lo sucesivo plaza de la Constitución, expresándose así en una lápida para que quedase perpetua memoria de esta felicísima época nacional». Y, claro, como las promulgaciones se hacían desde los Consistorios, en la Plaza Mayor, esta tomará el nombre. Pero tanto la rotura de placas como una nueva denominación no tardaron en llegar. Y así, con la vuelta del *Deseado*, Fernando VII, tras la abolición de la Constitución por Decreto de 4 de mayo de 1814, la reacción absolutista llevó a generalizar el título de Plaza Real para esos espacios públicos.

Nuevamente, al restablecerse la Constitución el 7 de marzo de 1820, el antiguo nombre reapareció hasta tres años más tarde, cuando, por la entrada en España del ejército enviado por los franceses, llamado «los diez mil hijos de San Luis», Fernando VII recobraba su «libertad» se rebautizaron las plazas como «reales».

La sustitución de rótulos continuó a lo largo del siglo XIX y al ritmo de los avatares de la política. A la muerte de Fernando VII, se volvieron a llamar de la Constitución; con la proclamación de la primera República, el 11 de febrero de 1783, plaza de la República, y al año siguiente, tras el golpe de Estado del general Pavía, otra vez de la Constitución.

El siglo XX no ha sido menos ajetreado en ese baile de nomenclaturas.

Variedad regional

Vista de la Plaza Mayor de Vic.

Aunque en todas las regiones españolas se mantienen unas constantes relativas a las plazas mayores, el clima, la idiosincrasia, la historia propia de cada lugar, han venido a prestar unas ciertas características y peculiaridades a las plazas de lo que hoy se conoce como Autonomías. Así, el ruralismo predominante en Asturias y Galicia y un hábitat disperso, a lo que habría que añadir entre el campesinado hasta el siglo XVIII una economía de trueque, hace que subsistan los mercados con carácter medieval y que no se hayan creado para ello plazas, por lo que las plazas mayores se dieron tan solo en las más importantes ciudades, como creaciones, la mayor parte de ellas, del período barroco y del siglo XIX.

Frente a esa situación, las dos Castillas, con las antiguas concesiones de ferias y fiestas en días señalados, y el empeño en una economía comercial que, aunque basada en la agricultura y la ganadería, alcanzó pronto gran dinamismo, ofrece una gran variedad de estos espacios públicos, tenidos como lugares clave de la ciudad para presenciar espectáculos públicos cívico-religiosos. Una arquitectura popular soportalada y con amplias galerías, surge pronto para satisfacer esos fines. Valladolid sería, como es sabido, la primera ciudad en contar con una Plaza Mayor tal y como hoy se concibe. En esta misma línea estaría Extremadura.

Por el contrario, Andalucía ofrece pocos ejemplos de plazas mayores antiguas, ya que el trazado musulmán de su urbanismo favorece la aparición de numerosas plazuelas y plazoletas, pero no los grandes espacios, por lo que, si exceptuamos la Corredera de Córdoba, pocos casos más pueden citarse. Y lo mismo ocurre en Murcia y Valencia.

Navarra y el País Vasco, por su arraigo religioso, dieron tradicionalmente especial relevancia a la plaza de la iglesia frente a la del Ayuntamiento, con la que competía para las diferentes celebraciones. En la época de la Ilustración, las más importantes ciudades vascas verán levantarse espectaculares plazas mayores.

El espíritu comercial de sus habitantes llevó en Cataluña a la creación de muchos espacios apropiados a estos fines. Lo mismo ocurre en Aragón, eminentemente agrícola y ganadero.

Tenemos dos casos especiales en los archipiélagos. En Baleares apenas existen plazas de acuerdo a una arquitectura popular de casas cúbicas y encaladas, con autonomía, no pudiéndose hablar en general de plazas mayores, aunque las hay. Mientras, por el contrario, la tradición castellana en este sentido supo ser asimilada en Canarias.

Almería

Desde época musulmana se fue conformando en la parte noroeste de la ciudad, en un lugar próximo a dos ejes viarios muy importantes, las calles Tiendas-Mariana y Real-Santo Cristo, una plaza con forma irregular que, una vez reconquistada la ciudad por los Reyes Católicos en 1489, tomó el nombre de plaza del Juego de Cañas. En ella se ubicaron en 1656 las Casas Consistoriales, cuyo edificio se concluiría en 1678. Así, según la opinión de Emilio Ángel Villanueva Muñoz, se convertía «en el centro de la vida social de la ciudad, ya que también se celebraban en ella los mercados, los festejos, las procesiones y otros actos públicos. A las casas que la rodeaban, hasta entonces de una sola planta, se le añadió otra en la que se abrieron grandes rejas para adaptarlas a la función de gran coso de la ciudad».

Soportales con arcos carpaneles en la planta baja de la plaza.

Un siglo más tarde de la construcción del edificio del Ayuntamiento, en 1785, el arquitecto Francisco Iribarne llevaba a cabo un proyecto para un nuevo edificio que se erigió en los años siguientes, hasta cubrir aguas en 1793, y cuya fachada sería reformada en 1817.

Por lo que respecta a la plaza, en el mismo año 1785, el entonces gobernador de Almería, el conde de la Puebla de los Valles, propuso construir soportales en la plaza del Juego de Cañas, para lo que se recibió la aprobación del Gobierno con la condición de que fueran consultados los propietarios de las viviendas que la rodeaban, y con la respuesta favorable de ellos se encargó al mismo arquitecto Francisco Iribarne un proyecto para su reforma que, sin embargo, no pudo ejecutarse.

Varias décadas más tarde, en la sesión municipal celebrada el día 17 de octubre de 1841, se daba cuenta «del expediente principiado para construir galerías de arcos alrededor de la plaza de la Constitución, y que sobre ellos edifiquen habitaciones los dueños de las casas que la circundan con sugección todo al diseño que se tiene a la vista, en que se comprehende la obra de igual clase que ha de hacerse en estas Casas

Las palmeras que se levantan en la parte central de esta Plaza Mayor de Almería rivalizan en altura con los edificios que la configuran.

En el corazón de la ciudad se construyó a lo largo del siglo XIX esta plaza, que está presidida por el edificio consistorial y el monumento a la memoria de los fallecidos en 1824 con motivo de la sublevación liberal.

Consistoriales, cuyo costo por lo respectivo a estas solas, ha presupuesto el arquitecto D. Juan Bautista Domínguez en unos 35.000 reales. Discutióse detenidamente este asunto y se acordó: aprobar en todas sus partes el proyecto».

Con estas obras en la vieja plaza del Ayuntamiento se quería dotar a Almería de una nueva y representativa plaza en el centro del casco antiguo de la ciudad, en la que además se pudiera celebrar mercado público con un mínimo de comodidades, pues en aquel momento no se disponía de un edificio para este fin, sino que se colocaban los puestos bajo los soportales cuando era necesario debido al mal tiempo. También se utilizaría el desamortizado convento de Santa Clara, en la misma plaza, para ubicar en sus antiguas dependencias la Diputación Provincial y el Gobierno Civil.

El arquitecto Juan Bautista Domínguez, ya mencionado, se encargó de preparar todo el proyecto, tanto la nueva fachada del Ayuntamiento y la adecuación del antiguo convento para su uso oficial, como la remodelación de las antiguas casas con soportales, cuyas fachadas enrasó construyendo encima de ellos o levantando edificios nuevos. La dirección de las obras corrió a cargo de Joaquín Cañadas. Para regularizar la planta de la plaza debió destruirse el mirador o galería baja que el Cabildo Catedralicio había construido en el siglo XVII y que en aquellos momentos ya era de propiedad de la Hacienda Pública.

Uno de los primeros trabajos que se emprendieron en 1842 fueron los correspondientes a la fachada de la Casa Consistorial, en el lado oeste, en la que había que levantar una planta y construir las correspondientes arcadas y dos torres laterales. Las obras se realizaron con gran lentitud, pues hasta 1845 no fue concluido el pórtico, ejecutado por Pedro Rull siguiendo un diseño del arquitecto militar Juan Prats, y quedó inconclusa el resto de la fachada, que no se llevaría a cabo hasta años más tarde, como lo

Parte superior del monumento levantado en recuerdo de los muertos por la sublevación liberal de 1824.

En los primeros años del siglo XX se concluía la fachada del Ayuntamiento almeriense con proyecto del arquitecto municipal don Trinidad Cuartara.

prueba una pintura conservada en el Archivo Municipal, que muestra el frente del Consistorio engalanado con motivo del nacimiento del príncipe de Asturias en 1857.

A la vez que las obras del Ayuntamiento, se comienza a trabajar en el lado este, en el antiguo convento de clarisas, para adecuarlo a su nuevo uso institucional. A propuesta del arquitecto Domínguez no se suprimió el tercer piso, ya existente, para unificar así los volúmenes de la nueva plaza, cuyas obras quedaron concluidas en octubre de 1843.

Por lo que respecta a las casas de particulares que ocuparían las fachadas norte y sur y los laterales del Ayuntamiento —a pesar de algunos contratiempos detectados en 1843, al observarse algunos problemas de falta de resistencia en los arcos carpaneles, labrados en piedra, que formaban los soportales— las obras debieron realizarse con cierta celeridad, puesto que en junio de 1846 se encontraba toda la plaza, entonces llamada de la Constitución, completamente terminada, si exceptuamos la fachada del edificio consistorial.

En la última década del siglo XIX se abordará la reforma del Ayuntamiento, que se prolongaría a lo largo de tres lustros. Del proyecto se encargó el arquitecto municipal don Trinidad Cuartara, quien iniciaba la obra en 1893 con distintas actuaciones en su interior, quedando la fachada para una fase posterior. En aquellos momentos sí se revisten de cantería las cuatro buhardillas que sobresalen del tejado y se inicia la construcción de la torre del reloj que la centra; la cubierta se remataría con planchas de cinc. En 1895 se ornamentó la parte interna de la fachada de la planta baja y, ya en 1902, el

Soportales de la planta baja de la plaza.

mismo Cuartara rehízo el proyecto de decoración de la parte superior, ideado más de medio siglo antes por Domínguez, que se ejecutó entre 1903 y 1906. Dicha fachada, con tres plantas, es la que presenta el edificio municipal en la actualidad. La baja muestra su pórtico de cinco arcos de medio punto sobre pilares —uno de ellos permite el acceso a la plaza desde el exterior—, mientras que en la planta noble se abren cinco balcones con balaustradas de piedra, y por encima de ellos otros tantos óculos, que corresponden a la planta superior. Sobre una desarrollada cornisa, apoyada en modillones, y el antepecho que tapa la pendiente del tejado, se desarrollan las fachadas de las buhardillas y la torre central, rematada con cúpula, en cuyo frente aparece el escudo de la ciudad y el reloj, colocado no hace muchos años.

Las fachadas de las casas que configuran la plaza responden a un mismo esquema, de gran sobriedad: planta baja soportalada con arcos carpaneles de piedra, dos plantas en las que se abren balcones con barandillas de hierro, y azotea, protegida igualmente con barandilla de hierro entre machones.

El edificio del antiguo convento de las clarisas fue devuelto a las religiosas a fines del siglo pasado. Muy dañado en la última guerra civil, se reconstruyó con posterioridad hasta recuperar su arquitectura anterior a la transformación de mitad del siglo XIX.

En el centro de esta Plaza Mayor de Almería, antes conocida como Plaza Vieja y en la actualidad como plaza de la Constitución, se levanta, entre palmeras, el espectacular monumento a la Libertad, de mármol blanco, con aplicaciones de bronce, erigido en memoria de los que fallecieron en 1824 con motivo de la sublevación liberal.

Archidona (Málaga)

A pesar de que, a lo largo de los siglos, la hoy conocida como plaza de la iglesia cumplió en Archidona con las funciones propias de la Plaza Mayor, y se ubicaban en ella las casas del Cabildo, al inicio de la penúltima década del siglo XVIII, el Concejo de la ciudad, presidido entonces por el corregidor don José Joaquín García de San Juan, sintió la necesidad de levantar un nuevo recinto, acorde con las funciones propuestas por el pensamiento ilustrado, para que sirviese como centro público de las celebraciones y actos cívicos y religiosos. También animó a llevar adelante el proyecto el endémico problema del paro existente en la población.

Decidida la construcción, se encargó a los maestros alarifes del municipio Francisco de Astorga y Antonio González Sevillano que practicaran un reconocimiento «de las calles, sitios públicos y entradas del pueblo» que necesitasen de algún arreglo para emplear en ellos a los obreros parados, a la vez que localizaban el mejor lugar para ubicar la nueva plaza. Tal lugar se encontró en los muladares, particularmente el que llamaban de San Roque, que debían desmontarse, aduciendo para ello, entre otras razones, que sus fatales olores «infectan el aire y de allí proceden muchas de las enfermedades de estos vecinos (...) además de la indecencia y fealdad que causa al público aspecto, la deformidad de aquel paraje».

Para el solar necesario para llevar a cabo la proyectada obra de la nueva plaza fue preciso que el Ayuntamiento comprara a distintos propietarios particulares tres casas y parte de varios patios, «en consideración al poco valor a que ascienden los demás pedazos, para acomodar la hermosa figura de ochava que los maestros aseguran poder darle (...) se compren también otros sitios según acomode a los dueños».

Las obras se iniciaron en el mes de julio de 1780 gracias a los 100.000 reales que concedió, a solicitud del corregidor, el secretario de Gracia y Justicia, para mitigar el paro en la localidad. Pocos meses más tarde, en noviembre, los maestros alarifes ya habían realizado las labores de desmonte del terreno e informaban que habían encontrado

Detalle de la espectacular Plaza Mayor de Archidona, en la que se armoniza el blanco de los muros con el rojizo del ladrillo y la forja de balcones y farolas.

Fachada correspondiente a uno de los lados del ochavo. La superposición de arcos de medio punto y carpaneles, entre pilastras de ladrillo que destacan sobre el blanco del enfoscado de los muros, proporciona a esta plaza un singular aspecto barroco.

A la plaza de Archidona se accede por dos arcos de medio punto que son su comunicación con el trazado urbanístico de la localidad.

gran cantidad de piedra, sugiriendo que con ella se construyesen unas nuevas «casas capitulares que ocupasen la ochava que mira a la calle que llaman del Matadero», ya que la entonces casa del Concejo, en la plaza de la iglesia, se encontraba muy deteriorada y amenazaba ruina. El Cabildo consintió y, al mismo tiempo, hizo construir una moderna red de alcantarillado.

En 1786 las obras de la nueva plaza estaban prontas a concluir y ya varios vecinos habitaban algunas de las catorce nuevas casas que se habían adecuado en el resto de las ochavas no ocupadas por el Ayuntamiento. Sin embargo, las casas capitulares carecían aún de balcones y tejados, y en el resto de las fachadas faltaba el revoco. Tal y como se desprende de las actas capitulares, en 1789 la plaza ochavada estaba terminada.

El esquema y los criterios seguidos para el proyecto están en relación, como han demostrado algunos investigadores —Antonio Bonet Correa, Francisco José Gallego Roca y María Dolores Aguilar—, con diversas plazas francesas llevadas a cabo en el siglo XVIII, entre las que figuran diversos ejemplares de la región de Montauban, tomándose como antecedente remoto la *place* Vendôme de París. Se da además la circunstancia de que uno de los artífices de la plaza ochavada de Archidona, Antonio González Sevillano, era hijo de un ciudadano natural de Verloc —hoy Verlac-Tescou—, en el dis-

trito de Montauban, donde permanecería en su niñez y primera juventud y en cuya retina quedó probablemente el recuerdo de sus plazas, en particular la de Montauban, con la que ofrece serias similitudes, según demostró en su día María Dolores Aguilar.

Cada uno de los edificios que forman los ocho lados de esta plaza responde a un esquema arquitectónico distinto, aunque todos ellos tienen tres alturas y presentan encalados sus muros.

El espacio, tal y como se ha indicado, se configura como un octógono, cuya engañosa simetría responde a la manera de disponer y erigir las diferentes fachadas. Sus muros se presentan revocados, y se destaca el ladrillo de los elementos arquitectónicos como arcos, pilastras, dinteles y frontones. Para María Dolores Aguilar, que dedicó varios trabajos a esta plaza, «un manierismo tardío, corriente que promovió numerosas obras en esta zona norte de la provincia de Málaga, late en las soluciones anticlásicas, proporciones y espacios de sus fachadas. Tiene además, un gran carácter barroco que no hay que buscarlo en la decoración profusa, sino en el afán de monumentalidad que encierra el conjunto, visible en sus tres entradas, como arcos triunfales, hornacinas y frontones, y rococó para el tributo constante de su paradójica asimetría, rítmica y medida como el paso de un minué».

Comenzaremos su descripción por la que corresponde, junto con la siguiente, a las dependencias de las casas capitulares y que denominaremos fachada uno. En el piso inferior, atravesado por un arco de comunicación con el exterior —esta fachada es la única

Vista nocturna de la Plaza Mayor de Archidona. Entre el abigarrado caserío de esta localidad malagueña emerge su octogonal Plaza Mayor, construida entre 1780 y 1789 en el terreno que hasta entonces ocupaba un muladar.

que tiene correspondencia exterior y queda exenta—, por el que se penetra en la plaza desde la calle del Mercado, se abren arcos de medio punto entre pilastras, mientras que en el piso principal se extiende un balcón corrido con barandilla de hierro, que recorre a lo largo tres fachadas y al que se abren tres vanos. En el vano central, con arco de medio punto, coronado por un frontón de ladrillo truncado del que sale un cuerpo piramidal, hay una lápida que en tiempos lucía el nombre que tenía la plaza en cada época, y a sus lados, los otros vanos son de arco escarzano con frontón. En el segundo piso abren cuatro ventanas de arco carpanel.

La siguiente, la fachada dos, fue considerada la principal, por aparecer centrada por las antiguas casas del Cabildo. Ofrece cierta similitud con la ya descrita, con arcos en el piso bajo, de mayores proporciones que el resto, balcón corrido y tres vanos, de características similares a los ya mencionados, rematado el central con un frontón partido y molduras de ladrillo en forma de placas, a lo que hay que añadir pirámides y bolas. En el piso superior hay seis ventanas en arco carpanel. En el interior del edificio se conservan algunos elementos originales, como la escalera de bóveda de aristas y medio cañón; el resto sufrió importantes transformaciones al dejar el Concejo el inmueble y convertirse en colegio menor.

La fachada contigua, la número tres, es, sin lugar a dudas, una de las más espectaculares de la plaza y la que más se diferencia del conjunto. En su piso inferior, un gran arco sirve de acceso al recinto desde la calle Diego Vázquez, lo que condicionó el canon de los dos balcones que se abren sobre él en la planta principal, que son más pequeños y presentan un pretil movido y en el centro una hornacina trebolada. Predominan el arco escarzano en el piso principal y el carpanel en el superior.

La siguiente fachada, identificada con el número cuatro, aunque mantiene un mismo ritmo de arcos y vanos, presenta un aspecto más caprichoso y asimétrico. Fue ocupada por un mesón desde la inauguración de la plaza. Su piso bajo, excavado totalmente en la roca, aprovecha un recinto mozárabe que tuvo usos diversos a lo largo de la historia; fue cuadra cuando el edificio se destinaba a mesón.

Parecida disposición de vanos y arcos presentan las fachadas cinco y siete, con puertas en arco de medio punto, balcones en el piso principal y ventanas con arco carpanel en el superior.

En el lado opuesto al que hemos iniciado la descripción, tomando como punto central las fachadas de las antiguas Casas Consistoriales, tenemos la que numeramos como seis y presenta el acceso que comunica con el callejón de los Caños de las Monjas. Se trata de un gran arco que alcanza el piso bajo y el principal, cubierto con dos bóvedas de arista separadas por arco fajón; a ambos lados, dos puertas con arco de medio punto y una ventana. Las pilastras que sirven de jambas muestran entablamento, friso y cornisa clásicos. En el piso principal, a cada lado del arco de acceso, hay dos balcones de arco escarzano con pilastras, mientras que el superior presenta una hornacina y seis ventanas con arco carpanel.

Las fachada siguiente, la siete, la hemos descrito al ocuparnos de la cinco, con la que presenta notable paralelismo.

Finalmente, la fachada ocho, la más simétrica, presenta en el piso inferior una alternancia de puertas de medio punto y ventanas de arco escarzano. En el primer piso, cinco balcones de arco escarzano, de varias formas y proporciones, y en el superior, ventanas de arco carpanel dispuestas caprichosamente.

A pesar de que, a lo largo de los tiempos, este espacio ha tenido varios nombres —plaza de Abastos, de la Constitución, del Rey, etc.—, los vecinos de Archidona lo conocen como la plaza ochavada o, simplemente, como la plaza, sin más apelativos.

La lápida conmemorativa representa las manos de un anciano que se apoya en la barandilla de uno de los balcones de la plaza para asistir a un espectáculo.

10

Sevilla

La plaza de San Francisco es, sin lugar a dudas, la Plaza Mayor de Sevilla. Su nombre responde al hecho de que estuvo ocupada desde el siglo XIII por el desaparecido convento de San Francisco, fundado en 1268, tras la donación realizada por el rey don Alfonso X el Sabio a los frailes menores, y demolido en 1840.

Según el historiador Sigüenza, en el siglo XVI era la plaza más pública de Sevilla y su estructura era la misma que tenía antes de ser tomada la ciudad por San Fernando en 1248.

Será a partir de 1527 cuando empiece su transformación y se dé a la plaza, entre los siglos XVII y XVIII, el aspecto que tenía a mitad del siglo anterior, que conocemos por numerosos grabados y, sobre todo, a través de la descripción que hace Madoz en su *Diccionario*, de 1849, cuando se llamaba plaza de la Constitución y tenía cincuenta casas: «Se encuentra entre la salida de la calle de las Sierpes y entrada de la de Génova; su figura es cuadrilonga, con bastante extensión, cubierto su pavimento con piedras menudas encajonadas en cuadros formados de fajas de losas, haciendo algunas sencillas labores... En esta plaza estuvo el convento que hemos citado de San Francisco, cubierto en gran parte con la hermosa casa de la Ciudad, o Ayuntamiento, colocada con vista al Oriente; en la parte que da frente al oeste, se halla la audiencia territorial, cuya gran casa tiene una torre y en ella un reloj por el que se dirige el tribunal, para lo cual lleva 10 minutos de adelanto a todos los de la ciudad; sin embargo, sirve para el público que está ya enterado de esta diferencia. La fachada que mira al N. la hizo reedificar en 1833 el asistente D. Manuel de Arjona: es magnífica con 4 elevados cuerpos sobre arcos romanos y portales estensos y bien embaldosados: esta obra, que sentimos no haya sido general, ha dado a la plaza un aspecto grande y magestuoso. El otro frente que mira al S. y el resto del que mira al O., no tienen nada de notable; son altos, de 4 o 5 pisos con balcones corridos, y se levantan sobre multitud de columnas de mármol de diferentes hechura y tamaños, que forman portales descubiertos. Hay también en esta plaza

Las lápidas de cerámica, mármol, piedra o bronce son testimonio del histórico pasado de muchas de las plazas mayores españolas.

Farola y azoteas en la plaza de San Francisco, sobre las que destaca el límpido cielo de la capital hispalense.

una fuente pública, acaso la mejor de la ciudad por su buena construcción en mármol blanco y por su altura; remata en una figura de bronce dorado a fuego, y recibe el agua de los baños de Carmona... Hay asimismo varios retablos, entre ellos uno grande, en forma de capilla baja, en que se venera una imagen de Jesucristo crucificado con el título de la Espiración, la Virgen y San Juan Evangelista: de este retablo cuidan los artistas plateros, de cuyo gremio son la mayor parte de las tiendas que hay en este sitio.» Y acaba diciendo: «Estas circunstancias y la de encontrarse en sus inmediaciones los oficios, o escribanías públicas y de juzgados, contribuye a que sea muy frecuentada, sirviendo al mismo tiempo para tomar el sol en los días de invierno y disfrutar del fresco en las noches de verano.»

Durante el siglo XIX se denominó plaza de la Constitución, luego plaza del Rey, cuando fue arrancada la lápida de la Constitución en 1823, y hasta 1834, que pasó a llamarse de Isabel II, antes de recuperar el nombre de Constitución. En las últimas décadas se denominó plaza de la Falange Española.

Esta antigua plaza ha sido el marco de los más importantes acontecimientos protagonizados por la ciudad de Sevilla, entre otros, visitas reales, torneos, toros y juegos de cañas, procesiones, mascaradas, autos de fe, ejecuciones y fusilamientos. También en esta plaza, y utilizando una parte de los bajos del Ayuntamiento, se ubicó en 1808 la guardia o principal.

Portada del Apeadero, con rica decoración plateresca realizada entre 1535 y 1540.

En la actualidad acoge una serie de edificios que responden en su mayoría a la arquitectura de fines del siglo pasado y principios de este, entre los que se deben mencionar, por más interesantes, el Ayuntamiento y la Audiencia.

Hasta el primer tercio del siglo XVI no contó Sevilla con un edificio significativo para alojar su Ayuntamiento, que compartía con el Cabildo Catedralicio unas casas ubicadas en el llamado Corral de los Olmos, a espaldas de la catedral. Durante la visita a Sevilla del emperador Carlos, en 1526, con motivo de su enlace matrimonial con la princesa Isabel de Portugal, se decidió la construcción de un edificio para el Concejo, decisión que contó con el apoyo entusiasta del monarca.

El lugar elegido fue el que ocupaban las antiguas pescaderías —inservibles desde el reinado de los Reyes Católicos—, que fueron demolidas. Del proyecto de la nueva obra se encargó Diego de Riaño, a quien se considera autor del Apeadero, la Sala del Cabildo baja y la fachada que da a la plaza de San Francisco, y que estuvo a pie de obra desde 1527 a 1534, llevando toda la responsabilidad directiva. Durante el siglo XIX, un proyecto de Demetrio de los Ríos, puesto en práctica en parte, amplió el edificio rompiendo el esquema constructivo primitivo y añadiendo, entre otros elementos, una altura al cuerpo correspondiente al arquillo.

En el exterior destaca la fachada de la plaza de San Francisco, articulada por cinco módulos a partir de pilastras y columnas con fustes, recubiertos por rica decoración de

En el solar de las antiguas pescaderías, se levantó a partir de 1527 el nuevo edificio del Ayuntamiento con proyecto del arquitecto Diego de Riaño.
(Doble página siguiente).

Vista general de la plaza de San Francisco, Plaza Mayor de Sevilla. Debe su nombre a haber ocupado parte del solar donde se levantaba, entre 1268 y 1840, el convento de frailes menores de San Francisco.

Esta plaza de Sevilla es hoy una amalgama de construcciones que responden a distintas épocas y estilos arquitectónicos, de las que destaca un grupo de edificios del siglo XIX.

grutescos, que vuelven a repetirse generosamente en los diferentes elementos del conjunto: jambas, dinteles, entablamentos, etc. Esta abundante ornamentación se completa en el zócalo, remates y enjutas, con una serie de medallones con las efigies de diferentes personajes históricos y mitológicos. Las esculturas de Hércules y Julio César, colocadas en las hornacinas que flanquean el arco, datan de mediados de la pasada centuria.

El conjunto de la decoración es fruto de un importante taller de escultura en el que colaboraron artistas españoles y extranjeros bajo la dirección de Juan Sánchez, director de la obra y sucesor de Diego de Riaño, y puede fecharse entre 1535 y 1540.

La zona del arquillo se remodeló en sus lados sur y oeste durante la construcción de las fachadas de la plaza nueva, llevada a cabo en 1861 por el arquitecto Balbino Marrón. Aunque se pretendía dotar al edificio de un sentido clasicista, el resultado no fue muy feliz, especialmente en la unión con el núcleo renacentista.

El otro edificio de interés es el de la Audiencia, ubicada en tiempos de Enrique II en la llamada Casa Quadra de la plaza de San Francisco. En él se llevaron a cabo algunas obras entre 1498 y 1499, aunque el aspecto que hoy presenta responde a las ejecutadas entre 1595 y 1597, siendo regente el licenciado Sirvente de Cárdenas, como consta en una lápida de mármol blanco que luce en una de las galerías bajas del patio. La fachada fue reformada en 1606, tal como reza en una lápida sobre el balcón principal: «Reinando la G.R.M. el Rey D. Felipe III N. Señor y siendo Regente de la Real Audiencia el Sr. D. Antonio Corrionero, se hizo esta obra. Año de M.D.C.V.I.» Un incendio acaecido en 1918 destruyó gran parte del edificio, que fue restaurado algunos años después bajo la dirección del arquitecto Aníbal González. Su zaguán tiene tres arcos de piedra sobre columnas pareadas, con hermosas rejas de hierro forjado.

CAJA DE MADRID
La General

PLAZA DE ESPAÑA

Alcañiz (Teruel)

Reconquistada Alcañiz en 1154 por Ramón Berenguer IV, en noviembre de 1157 se le otorgó el Fuero de Zaragoza. Villa del reino, Alfonso II donó su castillo a don Martín Pérez de Sisones, maestre de la orden de Calatrava, en marzo de 1179, donde se instituyó la Encomienda Mayor de la orden en Aragón. Felipe IV le concedió el título de ciudad.

El conjunto urbano medieval se extiende a los pies del cerro de Puy Pinós, coronado por el castillo. Sus calles se acomodan a las curvas de nivel —las que se trazaron en sentido transversal tienen gran pendiente—. En la parte baja de la población, un meandro del río Guadalope cerró históricamente la expansión urbanística de la ciudad.

En el casco medieval, un dédalo de calles y plazas que todavía mantienen su tradicional y secular urbanismo, destaca la irregular plaza de España que, en dos ámbitos muy diferenciados, alberga los edificios más importantes de la ciudad si exceptuamos el castillo: la colegiata, la lonja y la Casa Consistorial, además de otros destinados a viviendas que todavía mantienen sus pórticos en la planta inferior. Ponz, en su *Viaje de España*, al describir la ciudad de Alcañiz menciona que «tiene una magnífica plaza, adonde corresponde la suntuosa portada de su iglesia colegial».

En el lado sur, con ligera pendiente, el ángulo formado por la lonja y la Casa Consistorial crea, sin lugar a dudas, uno de los conjuntos arquitectónicos más interesantes del arte aragonés. Ambos edificios fueron declarados Monumento Histórico-Artístico por Decreto de 3 de junio de 1931.

La Casa Consistorial, de un marcado manierismo, consta de tres pisos y ocupa uno de los lados menores de la plaza, mostrando hacia ella su fachada principal, labrada en piedra hacia 1570. La puerta de entrada tiene arco de medio punto entre dos columnas de orden toscano con fuste estriado y, a ambos lados, dos ventanas adinteladas dentro de un moldurado enmarque. Sobre una cornisa se desarrolla el segundo piso, en el que se abrieron tres amplias ventanas —la central fue cerrada en 1742 para colocar en su lugar

Fachada principal del Ayuntamiento. Construida hacia 1570, aparece centrada por el escudo con las armas de la ciudad de Alcañiz, que ocupa uno de los tres grandes ventanales de la planta principal.

Uno de los arcos de las construcciones medievales del lado oriental de la plaza enmarca las singulares fachadas del Ayuntamiento y de la lonja de Alcañiz.

el escudo de la ciudad que hoy presenta— entre un orden de columnas jónicas de fuste estriado con frontón recto. En la parte central, bajo el escudo, vemos la inscripción «PLAZA DE ESPAÑA». En el tercer piso se dispone una galería con cinco arcos de medio punto que apoyan en columnas dóricas, con antepecho de balaustres. El edificio se remata con alero de madera con doble fila de canecillos muy volados y pinjantes entre ellos. La fachada lateral es de ladrillo, con tradición mudéjar, en la que destacan algunas fajas denticuladas, galería aragonesa y alero similar al de la fachada principal.

Junto al Ayuntamiento se levanta el edificio de la lonja, centro de la actividad mercantil de la ciudad durante los siglos XV y XVI. Situada sobre un elevado basamento para salvar el desnivel de la plaza, en su fachada principal destacan tres grandes arcos apuntados, labrados en piedra, con fina molduración y angrelado de arquitos trilobulados en el intradós de dos de ellos, mientras que el trasdós se decora con cardinas. Los capiteles tienen motivos vegetales y escudos de Alcañiz soportados por angelitos. Sobre los arcos, y marcando el piso con una moldurada cornisa, se levanta un segundo piso, posiblemente del siglo XVIII, aunque algunos autores lo datan en el último tercio del siglo XVI, en el que se abren arcos de medio punto sobre columnillas de orden toscano —tres por cada uno de los arcos inferiores—, de innegable recuerdo renaciente. El edificio se remata con un alero de concepción barroca con graciosos lunetos con óculos, compartimentados por medio de fajas acabadas en rollos y cartelas recortadas, con el que alcanza la altura del edificio del Ayuntamiento. En la esquina, ocupando un ventanal cegado, figura un bajorrelieve barroco de la Santísima Trinidad y, debajo de él, en el muro, un reloj de sol con graciosa y decorativa pintura, fechado en 1884.

Bajo tres grandes arcos se puede ver el pórtico del edificio, en piedra sillar y de forma pentagonal irregular, en el que se abren cuatro puertas de distintas características —dos de ellas con imponentes arcos— y ventanas y balcones en diferentes alturas. Se cubre por entramado de vigas de madera y bovedillas. Sus dependencias, muy alteradas, se destinaron no hace muchos años a Biblioteca pública, Conservatorio de Música y sala de exposiciones.

La fachada lateral, también de considerable pendiente, está labrada igualmente con piedra sillar. En la planta baja se abre un arco doble sobre columnas toscanas y en la superior pequeñas ventanas en arco de medio punto, todo ello del último tercio del siglo XVI, rematadas por el ya descrito alero, que presenta aquí sus óculos cegados.

En el edificio se reunieron a partir del día 2 de septiembre de 1411, y por espacio de siete meses, los parlamentarios aragoneses que prepararon a la muerte del rey Martín I el Humano el llamado Compromiso de Caspe, que elevaría al trono de Aragón a Fernando I de Antequera.

Esta parte de la plaza se cierra en su flanco oriental con una serie de edificaciones porticadas —algunas de ellas de nueva fábrica, que sustituyeron a las antiguas, pero manteniendo la disposición tradicional en altura—, entre las que destaca el elegante edificio que centra el conjunto, con arquerías apuntadas góticas, balcones en la planta noble y una teoría de arquillos-ventanas en la superior, acabada con el tradicional alero renacentista aragonés. También debemos mencionar el edificio de la Sociedad de Caza, con fachada de tres plantas de piedra de sillería.

Detalle de la fachada de la lonja, con un bajorrelieve barroco de la Santísima Trinidad y el reloj de sol fechado en 1884.

Lado sur de la plaza de España de Alcañiz. En este lado, con ligera pendiente, se localizan dos de los edificios más singulares de la plaza: el Ayuntamiento y la lonja. Sobre el cielo destaca la barroca torre de la antigua iglesia de los escolapios.

Sobre el Ayuntamiento se yergue la barroca torre de la iglesia del colegio de los escolapios.

En el lado norte de la plaza se alza, sobre un pequeño promontorio que se salva por escalinatas, la iglesia colegial de Santa María la Mayor, edificio que sustituyó a un antiguo templo medieval, del que se conserva una potente torre. Fue comenzado a construir en 1736 y sus obras se dilataron a lo largo del siglo. Es ejemplo de la mejor arquitectura barroca turolense y sobresale por su imponente fachada, con dos torres que enmarcan el cuerpo principal, en el que se encuentra alojada, bajo un gran arco a modo de hornacina, la bellísima portada de tres cuerpos, de cuidada talla pétrea, que presenta a ambos lados de la puerta de entrada a San Pedro y San Pablo, y sobre ella la imagen de Nuestra Señora la Mayor, y a los lados y encima de ella Santiago y San Pancracio, los arcángeles Miguel y Gabriel, San Ramón Nonato y San Pedro Mártir. El conjunto se corona con el escudo de Alcañiz.

Toda la plaza está empedrada con cantos rodados, formando en algunas partes rombos, entre fajas de losas de piedra.

Aínsa (Huesca)

La villa de Aínsa, capital del antiguo y legendario condado de Sobrarbe y en la actualidad de la comarca oscense del mismo nombre, levanta su caserío en situación privilegiada sobre un promontorio que emerge entre los cauces y valles de los ríos Cinca y Ara, muy cerca de su confluencia, al abrigo del macizo del Monte Perdido y la Peña Montañesa. Incorporado este territorio a Aragón en el siglo XI —al parecer existía ya una población en este lugar en 1055—, el rey Alfonso I le concedió en 1124 fuero de repoblación, que tenía una orientación mixta por su estratégica situación: por un lado, militar, para potenciar la defensa del territorio frente a Francia, y por otro, para favorecer las concentraciones mercantiles. Comenzó entonces una época de esplendor, que hizo necesaria la ampliación de su muralla, por lo que el rey Juan I concede en 1338 para este fin la autorización para cobrar impuestos sobre la carne, el pan y el vino. Su importancia comercial queda reafirmada cuando en 1404 el rey Martín I le concede permiso para celebrar ferias de diez días, de carácter internacional, con motivo de la festividad de San Lorenzo, el día 10 de agosto.

Lado sudeste de la plaza sobre el que emerge la monumental torre de la colegiata de Santa María, románica, del siglo XII.

Afortunadamente, como consecuencia de la decadencia sufrida por la población durante los últimos siglos, y gracias a la creación de un nuevo barrio bajo, conserva Aínsa su urbanismo medieval, que desde lejos, como afirma Ángel Conte, «aparece como un apiñado caserío uniforme y proporcionado, enormemente armónico, con dos notas destacadas: la esbelta torre de la colegiata y el enorme recinto del castillo, casi tan grande como todo el resto del pueblo».

Así, en un lado del promontorio, hacia el noroeste, se levantan los restos del castillo, que sufrió sucesivas obras de remodelación y ampliación hasta el siglo XVII, y en el otro, el casco urbano primitivo, origen de la población que alcanza un momento de esplendor en el siglo XIII. Entre ambos núcleos se irá construyendo, a lo largo de los siglos XIV y XV, la soportalada Plaza Mayor, que ocupa un espacio inicialmente vacío —tal vez utilizado ya como mercado, si tenemos en cuenta la escasez de espacio en el

Las construcciones que configuran la Plaza Mayor de Aínsa muestran sus restaurados muros de sillarejo y tejados de pizarra o teja árabe.

Vista lateral de la plaza. Los viejos mercados medievales, que tenían esta plaza como escenario, han dejado su espacio para el solaz y disfrute del turista que acude a este singular pueblo aragonés.

interior de la población— y protegido por la muralla construida a mediados del siglo XIV. En esta plaza, que se irá ampliando paulatinamente hasta alcanzar sus dimensiones actuales, convergerán las dos principales calles de la villa.

De planta trapezoidal y grandes dimensiones —tiene 86,5 metros de longitud por 38 metros en su máxima anchura y 25,7 metros en la menor—, esta imponente Plaza Mayor estaba destinada principalmente a mercado. Las casas que configuran sus lados mayores —la mayor parte muy estrechas— disponen de soportales en su planta baja, de arcos desiguales, unos de medio punto y otros rebajados, a causa de sus distintos momentos de edificación, de la anchura de sus edificios y de la inexistencia de un plan urbanístico preconcebido. Levantados los edificios con sillarejo, se reservan las piedras sillares para los arcos de los soportales y para encuadrar puertas, ventanas y balcones. De dos o tres alturas, sus tejados se cubren con pizarra en unos casos, y con teja árabe en otros.

Abierta al lado norte para comunicarla con el castillo, en el lado sur, en lo que fue muro de la primitiva muralla, se levanta el edificio del Ayuntamiento, con arco de medio punto en su portada, y el arco de acceso a la calle Grande, una de las antiguas puertas de la muralla. El suelo de toda la plaza está empedrado con cantos rodados formando casetones.

La Plaza Mayor se articula en su ángulo sudeste con la pequeña plaza de la iglesia, en la que se levanta la colegiata de Santa María, de estilo románico, consagrada en 1181, en cuyo exterior destaca la sencilla portada del muro sur y la monumental torre que se levanta a los pies, también de estilo románico y del siglo XII.

Esta Plaza Mayor de Aínsa, que a lo largo del año es un recoleto lugar de silencio y soledad, cobra vida cuando llegan los días de feria, el primer domingo de febrero y el 14 de septiembre, y recupera así el motivo que la vio nacer con los coloristas puestos de

Destinada inicialmente la plaza a lugar de mercado, los amplios soportales que constituyen la planta baja de todas sus casas acogían a los mercaderes que hasta Aínsa llegaban y a los artesanos que allí se establecían.

En las fiestas de septiembre, cada dos años, se representa en esta plaza la Morisma, el baile que recoge la leyenda de la victoria de Garci Jiménez sobre los moros, en el año 724, ante los muros de Aínsa, tras la aparición de la Cruz sobre una encina que hizo huir a los musulmanes.

los «mercaderes» que hasta ella llegan, renovando, sin saberlo, un viejo rito que hunde sus raíces en la más profunda historia de esta villa.

Y junto a los mercados, esta plaza es escenario de la conocida Morisma de Aínsa, representación y danza que recoge la leyenda que narra la victoria de Garci Jiménez sobre los moros ante los muros de Aínsa, en el año 724, apoyados por la aparición de una luminosa Cruz sobre una encina, que hizo huir a los musulmanes. Esta Morisma —que antes se celebraba cada año por las fiestas de septiembre y en la actualidad, y desde hace unos años, tiene lugar cada dos años con motivo de las mismas fiestas— se desarrolla con una serie de luchas en las afueras de la villa y en la Plaza Mayor, que van alternándose con diálogos. Los moros hacen burla de los actos religiosos que se suceden, mientras que el diablo prorrumpe con voces «diabólicas y aterradoras». Entre los personajes que intervienen en ella —más de cien personas—, debemos destacar a García Jiménez, los moros —que son bautizados tras la victoria cristiana—, un embajador cristiano, que llama al moro Abderramán, y otros que representan a otras villas del entorno, e incluso de Montpellier. (También se establece un diálogo entre el pecado y el diablo.) De notable antigüedad, en 1676 las Cortes de Aragón subvencionaron la celebración de esta fiesta con 10 libras jaquesas. Su última recopilación tuvo lugar en 1930 y se ha perdido prácticamente a lo largo de los años la lengua aragonesa, que primaba sobre el castellano en los diálogos, y que fue alterándose particularmente en los siglos XVIII y XIX.

Entre otras fiestas que tienen su reflejo en esta plaza mencionaremos la de San Sebastián y San Fabián, cuando se celebra la fiesta de la Caridad, con claro origen medieval y relacionada con una peste que sufrió el pueblo, y en la que se bendicen y se reparten panes y vino.

Aínsa fue declarada Monumento Histórico-Artístico por Decreto de 23 de diciembre de 1965.

FERRETER

Oviedo

El 25 de noviembre de 1085 el rey Alfonso VI otorgó a Oviedo el Fuero de Sahagún, momento a partir del cual se procedió al cerramiento de su núcleo urbano, obra que se llevó a cabo durante el siglo XIII. Pronto fue necesaria su ampliación, por lo que se creó fuera del recinto amurallado, delante de la puerta meridional de la ciudad y en el cruce de caminos que allí se originaba, un espacio utilizado como mercado, que dio origen a la plaza del mercado, más tarde denominada plaza pública. Estuvo presidida por la picota o rollo hasta que en 1577 se dispuso «trasladar el rollo de la plaza pública para dejarla más desahogada», y colocarlo en el campo de Santo Domingo. A finales del siglo XVI contaba la plaza con una fuente de cuatro caños que en 1803 se coronó con un león de mármol esculpido por Antonio Fernández Tonín. Demolida la fuente a mitad del siglo pasado, el león que la remataba pasó al edificio del Ayuntamiento.

Paulatinamente se fueron levantando una serie de edificios que destinaban la planta baja a comercio estable, que se impulsó en el último tercio del siglo XVI.

Dado que el Concejo de Oviedo necesitaba una Plaza Mayor para erigir en ella el edificio del Ayuntamiento, en 1578 se llegó a pensar en hacerla en el lugar llamado «El Fontán», para lo cual era necesario desecar los salares allí existentes. Sin embargo, ante la notable dificultad que ello significaba, pronto se desechó la idea.

Se decidió entonces habilitar la plaza pública del mercado —donde este se continuaría celebrando hasta finales de la pasada centuria— como Plaza Mayor, y levantar allí el edificio del Ayuntamiento, adosado a las murallas de la ciudad, sobre la antigua puerta de Cimadevilla, del siglo XIII, cerrando toda la parte frontal. Ya en 1495 se había habilitado una casa en esta plaza para celebrar en ella las sesiones del Ayuntamiento.

Las obras del actual edificio municipal se iniciaron en 1622 y quedaron prácticamente concluidas cinco décadas más tarde. Su construcción condicionó el nuevo carácter de la plaza, cuyo perímetro se reguló primeramente en 1661 con el derribo de diver-

Fachada de la iglesia de San Isidoro, en el lado oeste de la Plaza Mayor.

Edificios de distintas épocas y estilos dan forma a esta plaza de la Constitución de Oviedo, de planta rectangular, que ha sido objeto a lo largo de los años de distintos proyectos de rehabilitación.

sas viviendas, hasta que se acordó el 4 de noviembre de 1665 «el ensanche de la plaza en la parte comprendida entre la esquina del Fontán y la calle que va a la Puerta nueva». Su actual fisonomía se debe a la ordenación llevada a cabo por el arquitecto Bustelo en 1920. Un proyecto de rehabilitación de esta plaza fue redactado por el arquitecto Francisco Pol Méndez en 1992.

A lo largo de la historia, esta Plaza Mayor ovetense ha ostentado distintos nombres, según el régimen político de cada momento. Plaza del Mercado, primero; parece ser que a fines del siglo XV se llamaba plaza de la Ciudad; desde agosto de 1812 se denominó plaza de la Constitución, nombre que se sustituyó por el de Plaza Real en 1814 y hasta 1820, en que recobró el anterior, y lo perdió nuevamente en 1823 en favor de Plaza Real hasta la muerte de Fernando VII en 1833, pasando entonces a denominarse una vez más plaza de la Constitución y en 1873 plaza de la República. Plaza de la Constitución nuevamente a partir de 1874; mantuvo el nombre hasta el 11 de febrero de 1937, cuando recuperó su antiguo nombre de Plaza Mayor —que había llevado ya en el siglo XVI y que tenía a fines del siglo XVIII—, que le fue cambiado por acuerdo de la Corporación Municipal de Oviedo del día 28 de diciembre de 1981 por el actual de plaza de la Constitución.

Esta plaza es el centro oficial de Oviedo y de ella parten las calles Cimadevilla y del Peso, al norte; al sur las de Fierro y Magdalena; al oeste la de Jesús y al oeste la del Sol.

Con planta de paralelogramo rectangular, destacan en esta plaza dos importantes edificios: las Casas Consistoriales en el lado norte, uno de los mayores, y la iglesia de San Isidoro, que ocupa el lado oeste, que es uno de los menores.

Portada de la iglesia de San Isidoro, antiguo colegio de los jesuitas, bajo la advocación de San Matías, edificada a lo largo del siglo XVII, que ocupa el lado oeste de la Plaza Mayor de Oviedo.

El edificio del Ayuntamiento fue comenzado a construir en 1622 por el arquitecto Juan de Naveda. En primer lugar se levantó la parte que hoy corresponde a la central, con la puerta que pone en comunicación la Plaza Mayor con la calle de Cimadevilla. El mismo

Las tiendas de todo tipo, los bares y restaurantes permanecen como el recuerdo de que esta plaza fue el lugar de celebración del mercado.

arquitecto prosiguió las obras por el lado occidental del edificio, que sería concluido en 1623. Parada la edificación, Marcos de Velasco la reanudó en 1659 y finalizó el plan inicial un año después. A lo largo de los siglos XVII y XVIII se realizaron importantes obras que culminaron la fachada, siguiendo, afortunadamente, el plan previsto por Naveda. Entre sus arquitectos debemos citar a Pedro de Lizurgárate, Marcos de Velasco y Juan de Estrada —autor de la Casa Consistorial de Avilés—, quien hacia 1660 llevaba a cabo el remate de la torre con una hornacina para alojar el Ángel de la Ciudad, escultura que se encargó en 1673 a Luis Fernández de la Vega. En 1717 intervenía en la fábrica Francisco de la Riva, y posteriormente, reinando Carlos III, en 1780, se llevaban a cabo importantes reformas por Francisco Pruneda. La torre central se destruyó en 1834 y durante la guerra civil, en 1936 y 1937, sufría importantes daños la estructura de la Casa Consistorial, lo que obligó a una amplia restauración. La torre actual se construyó en 1940.

La fachada, de gran longitud pero de poca profundidad, se superpuso a la muralla y se levantó con piedra. El conjunto aparece centrado por la torre-puerta, con amplio arco-puerta-calle, que se remata con un balcón serliano con balconada de hierro. Una inscripción recuerda su construcción: «REINANDO LA MAGESTAD REAL DEL REY DON PHELIPE III NUESTRO SEÑOR Y SIENDO GOVERNADOR Y CAPITAN GENERAL DE ESTE PRINCIPADO DON ANTONIO CHUMACERO DE SOTOMAYOR DE SU CONSEJO, OYDOR DE LA REAL CHANCILLERIA DE VALLADOLID SE HIZO ESTA OBRA. AÑO DE 1622.» La parte central se corona con un frontón en el que aparecen las armas reales de Felipe III y a ambos lados, en las amplias pilastras que escoltan todo el cuerpo, las armas de Oviedo y del gobernador del principado, don Antonio Chumacero y Sotomayor. Sobresale del edificio la torre con tres pisos, agudo chapitel herreriano y el reloj en su frente. Los cuerpos laterales guardan el mismo esquema, articulados sus dos pisos inferiores —los primeros de la construcción, pues el tercero se debe a un recrecimiento de 1939 que modificó notablemente el edificio, desvirtuando el compensado juego de volúmenes— con siete arcos de medio punto y siete balcones, cada uno con su barandal de hierro. Esta parte antigua del edificio está coronada por una balaustrada de piedra.

En el lado oeste de la plaza se levanta la iglesia de San Isidoro. Hasta la expulsión de los jesuitas, en 1767, esta iglesia, bajo la advocación de San Matías, fue la del colegio de la Compañía de Jesús, fundado en 1578 por la dama castellana doña Magdalena de Ulloa. El templo fue comenzado a construir en 1616 y se concluyó en 1681, cuando ya se había regulado el nuevo perímetro de la plaza. El proyecto se atribuye a distintos maestros, entre ellos J. de Tolosa, Juan de Nates y Juan Gómez de Mora. Su fachada, construida con piedra, presenta notable severidad, con portada doble de orden toscano y movido frontón que aloja la hornacina con la imagen del santo titular. La torre se remató en 1725 con un aire más clasicista.

De los otros edificios de la plaza hay que mencionar algunas casas con curiosas fachadas, posiblemente del siglo XVII y otras de finales del siglo pasado, entre las que destaca la del edificio modernista que actualmente se destina a dependencias municipales, obra del arquitecto Manuel del Busto Delgado, con voladizo sobre fuertes ménsulas y cubierta con escamas de cerámica vidriada.

Fachada del Ayuntamiento. Sobre la antigua puerta de Cimadevilla, una de las que se abrían en las murallas de Oviedo en el siglo XIII, se comenzó en 1622 la construcción del actual edificio del Ayuntamiento con proyecto del arquitecto Juan de Naveda.

Ciudadela (Menorca)

Ciudadela se abre al mar en su Plaza Mayor, conocida tradicional y popularmente como plaza del Borne. El 27 de febrero de 1939 pasó a denominarse plaza del Generalísimo Franco, hasta que recobró su antiguo nombre, por el que hoy se la conoce, por acuerdo municipal de 21 de junio de 1983. Forma parte del Conjunto Histórico-Artístico de Ciudadela, declarado por Decreto de 24 de diciembre de 1964.

De planta rectangular de 120 metros de largo por 90 metros de ancho, esta plaza recuerda en su toponimia la palabra catalana *born*, que se define como el lugar o «circuito aislado del exterior en donde tenían lugar los torneos» durante la Edad Media.

Abierta al mar por su lado norte, en el oeste encontramos en primer lugar el edificio del Ayuntamiento, que se levanta en uno de los solares con más referencias históricas de la ciudad, pues al parecer fue real alcázar, residencia del *wali* árabe antes de la Reconquista, construido por el rey Alfonso III. Fue también habitado por los gobernadores y capitanes generales hasta que se trasladó la capitalidad a Mahón en 1722.

El proyecto de construcción de la Casa Consistorial fue redactado por el arquitecto provincial Gaspar Reynes, que llegó con este motivo a Ciudadela en 1894. Las obras comenzaron en 1897 con la destrucción de la antigua fachada; se llevó a cabo una segunda fase de construcción en 1906 y una tercera entre 1922 y 1925, año este último en el que se inauguró. La actual fachada, correspondiente a los primeros años de transformación del edificio, responde a un concepto plenamente ecléctico, de regusto bizantino. De tres pisos, en el inferior aparece un soportal con cinco arcos de medio punto que apoyan en columnas de grueso fuste y capiteles con adornos de follaje. En los dos primeros pisos se abren arcos de medio punto, y en el centro del primero destaca un balcón de piedra en cuyo frente campea el escudo de la ciudad entre los de Aragón y las Baleares.

Junto al Ayuntamiento, y en dirección sur, está el edificio del colegio público Joan Benejam, construido en 1935 sobre el antiguo baluarte de la plaza, que fue

El obelisco que se yergue en el centro de la plaza del Borne de Ciudadela tiene 22 metros de altura. Fue erigido en 1857 como recuerdo de la resistencia y derrota de la ciudad durante el ataque de la armada turca en 1558.

La plaza del Borne de Ciudadela acoge durante los días de fiesta todas las manifestaciones de su rico folclore y tradiciones.

En 1897, y con proyecto del arquitecto Gaspar Reynes, comenzaron las obras del edificio del nuevo Ayuntamiento de Ciudadela, levantado sobre el antiguo real alcázar.

derruido por acuerdo de 21 de junio de 1926 para ocupar así a un elevado numero de zapateros que en aquellos momentos se encontraban parados en la ciudad a causa de la fuerte crisis existente.

En el lado sur de la plaza mencionaremos el edificio de Correos y Telégrafos, de escaso interés. Junto a él se levanta —esquina a la calle de la Purísima— la iglesia del antiguo convento de San Francisco, hoy parroquial, con interesantes restos medievales, renacentistas y barrocos.

El flanco este está ocupado por un conjunto de palacios de notable interés. El más meridional es el palacio de la Casa Vigo (actualmente Vivo), al que se une el palacio Martorell o de Salort —tal como se le conoce actualmente—, construido en 1813, con fachada de estilo neoclásico hacia la plaza del Borne y otra fachada hacia la calle Mayor, con tres alturas, volados balcones, óculos, frontón y remate de jarrones, que se enfrenta a lo largo de 55 metros con la también fachada lateral del palacio del conde de Torre Saura, en solución de continuidad entre el casco histórico, con la plaza de la catedral reformada en el siglo XIX, y la plaza del Borne, centro del ensanche decimonónico de la ciudad.

El palacio del conde de Torre Saura, que ha sufrido a lo largo de los años numerosas reformas, ocupa una manzana entera. Su fachada principal, que mira hacia la plaza del Borne, se debe a las obras que se realizaron tras su aprobación por el Ayuntamiento en 10 de junio 1839. Relacionada con obras francesas del momento, el cuerpo central, de menor elevación que los laterales, se articula con la ornamentada puerta y curvo frontón con escudos que da acceso al gran patio de las caballerizas. En

Fachada del palacio del conde de Torre Saura en la plaza del Borne de Ciudadela. Propiedad de los descendientes de la familia que lo construyó a principios del siglo XIX, este palacio muestra hacia la plaza del Borne su fachada principal, de estilo clasicista con recuerdos franceses.

los cuerpos laterales, con tres alturas, hay que destacar las grandes logias de recuerdo italiano que ocupan la mitad superior de la fachada.

Estos palacios, en la actualidad, siguen siendo propiedad de los descendientes de las familias que los construyeron.

Por último debemos mencionar el Cinema Teatro del Borne, construido a partir de 1873, en el lado norte de la plaza, sobre las ruinas de lo que había sido cuartel de caballería del ejército británico durante la dominación inglesa de Menorca (1798-1802), llamados por los ciudadelanos «Els Bèrecs» (The Barracks), que fueron adquiridos por unos particulares para este fin y se inauguraron el día 10 de noviembre de 1875. Su fachada, de aspecto neoclásico y con referencias palladianas, se articula en tres alturas, entre las que destaca la parte principal, con pilastras almohadilladas, grandes balcones con balaustrada y frontones rectos y curvos, y frontón recto con reloj a modo de coronamiento. El edificio del casino Círculo Artístico fue inaugurado el día 23 de diciembre de 1881 para albergar a esta sociedad, fundada un poco antes, el día 23 de junio de 1881.

En el centro de esta plaza, alineado con la perspectiva de la calle Mayor, se yergue el llamado obelisco del Borne, singular monumento de estilo neoclásico, de 22 metros de altura, erigido en 1857 según proyecto del maestro constructor Josep Mas Llofríu, en recuerdo de la resistencia y derrota de la ciudad al ataque de la armada turca que finalizó el día 9 de julio de 1558. Se conoce este acontecimiento como «año de la desgracia», pues, además del saqueo, incendio y destrucción de la ciudad, recuerda la prisión y cautiverio en Constantinopla de más de 3.000 de sus habitantes.

Las Palmas de Gran Canaria

La plaza de Santa Ana, Plaza Mayor de Las Palmas de Gran Canaria, de planta rectangular, con 77 metros de largo por 28 metros de anchura, presenta en sus lados menores dos de los edificios más importantes de la ciudad: el Ayuntamiento, en el lado norte, y la catedral, en el lado sur.

Enclavada en la parte más antigua de Las Palmas, el barrio Vegueta —declarado Conjunto Histórico-Artístico por Decreto de 5 de abril de 1973—, su disposición permanece prácticamente inalterada desde el siglo XVI.

El barrio constituía la primitiva ciudad, y sus calles, iglesias, plazas y casonas de anchos portales, grandes balcones, patios amplios y llenos de pormenores del estilo gótico y mudéjar de los siglos XVI y XVII le dan un aspecto aristocrático.

En 1803 se allanó y niveló la plaza, y cuatro años más tarde, al rebajarse el nivel en el lado de la catedral, fue necesario ajustar la diferencia de altura, lo que se solucionó con cuatro escalinatas. A este momento corresponde también el cerramiento de cantería con verjas de hierro. En su parte central se levantó en 1812 el monumento a la Libertad, que posteriormente fue destruido. Sus lados mayores presentan hileras de palmeras. En esta plaza se celebraban habitualmente corridas de toros y autos de fe.

Las Casas Consistoriales se levantan en el mismo solar en el que se encontraba el antiguo Consistorio o Cabildo, edificio del siglo XVI, que quedó destruido por el fuego en la noche del 29 de marzo de 1842. Dos días más tarde se celebró una reunión en la que se tomaba el acuerdo de construir unas nuevas Casas Consistoriales, para lo que se nombró una junta responsable de recoger fondos y se abrió una suscripción pública a la que generosamente respondió el pueblo de Las Palmas.

Para hacer el proyecto, y como en la provincia no había ningún arquitecto autorizado, los promotores de la construcción del nuevo Consistorio y Tribunal de Justicia acudieron a la habilidad de varios aficionados. El proyecto presentado por el ebanis-

Residencia del regente de la Audiencia, la casa Regental fue construida con permiso de Felipe II y sus obras se concluyeron en 1640. En el arco de su pétrea portada aparecen los símbolos de Castilla y León.

Configuran el lado este de la plaza de Santa Ana la casa Regental, la casa de la Encina, el Palacio Episcopal y parte de la fachada de la catedral.

ta Manuel González y González era el que más se acercaba a los deseos de los munícipes. Enviadas estas trazas a Cádiz, fueron examinadas por el ingeniero civil Juan Daura, encargado de la gestión por petición del conde de la Vega Grande, quien realizó las correcciones pertinentes. El día 20 de octubre de 1842 se colocaba la primera piedra del nuevo edificio, cuyas obras se retrasaron por desavenencias entre los maestros adjudicatarios y por otros problemas de tipo económico. No se concluyó hasta 1856.

El edificio, situado en la parte más alta de la plaza, consta de tres plantas y ofrece una armónica fachada de tipo clasicista y de sólida arquitectura, con un piso inferior de soportales, configurado en el centro por cinco huecos adintelados más dos de medio punto a cada uno de sus lados. En la planta principal se destaca la parte central, en sus dos alturas, con cinco columnas de orden jónico. A ella abren nueve grandes balcones y sobre ellos el mismo número de ventanas. Se corona el edificio con balaustrada en los extremos y un frontón poco desarrollado en la parte central, que acoge el escudo de la ciudad. Sobre plintos se alzan cuatro esculturas alegóricas de la agricultura, la industria, el comercio y la navegación, colocadas en 1908.

Uno de los perros de bronce ubicados en la Plaza Mayor, frente a la catedral.

La parte sur de la plaza está ocupada por la catedral de Santa Ana —que da nombre al conjunto urbano—, templo que se comenzó a construir en 1497 y se consagró en 1570. Interrumpidas sus obras en varias ocasiones, la fachada principal corresponde a uno de los últimos momentos constructivos del templo, que se llevó a cabo a partir de 1804 con proyecto de José Luján Pérez, quien la concibió dentro del clasicismo imperante en la época. Sin embargo, solo pudo levantarse el cuerpo bajo, con triple arcada que forma el atrio, la torre norte y el arranque de la sur, y quedó de esta forma hasta que fueron reanudadas las obras a finales del siglo, tras la realización de numerosos proyectos a cargo de distintos arquitectos. Se construyó entonces el segundo cuerpo de la fachada, con orden corintio, y la inconclusa torre. Será ya a principios de este siglo cuando se rematarán las obras. El templete central que corona la catedral se colocó en la década de 1940.

Al mismo tiempo que se llevaban a cabo las obras del edificio del Ayuntamiento y de la fachada de la catedral, se renovaron algunos de los edificios que ya conformaban la plaza y se levantaron otros de nueva planta, cuyos proyectos se adecuaban a la nueva estética del conjunto. El lado este está ocupado en su mayor parte por la fachada del Palacio Episcopal, reedificado en 1575, de sencilla estructura, coronado con balaustrada, con blancos y sencillos muros en los que destacan las esquinas y los enmarques de los vanos de piedra y las saledizas gárgolas, que le dan un curioso aspecto. Es digna de mención la bella portada pétrea, de factura gótica, y el balcón de madera que se sitúa en la zona más próxima a la catedral. En dirección hacia el Ayuntamiento encontramos la casa de la Encina, del siglo XVIII, reformada por Fernando Navarro en 1920, y por último la llamada casa Regental, residencia del regente de la Audiencia, construida con permiso de Felipe II, cuyas obras concluyeron en 1640 y tuvieron una reforma en 1809. Su fachada consta de dos cuerpos: el inferior, de piedra sillar, es la parte más antigua del edificio, con puerta en arco de medio punto entre columnas, cuyo trasdós aparece decorado con los símbolos de

Fachada de la catedral. El lado sur de esta Plaza Mayor está ocupado por la catedral de Santa Ana, que da nombre a la plaza. Las obras de su clasicista fachada se dilataron a lo largo del siglo XIX y primera década del XX.

Castilla y León; la segunda planta responde a un concepto neoclásico, con tres grandes vanos —el central con balcón— que se coronan con frontones. Se remata todo el edificio con balaustrada con copas.

Iniciamos la descripción del lado oeste por el ángulo más próximo a la catedral, donde se encuentra un edificio para viviendas construido por Manuel Ponce de León y Falcón en 1884, sobre el solar de la antigua «casa de los Alféreces»; hay un segundo edificio, con fachada ecléctica, levantado según proyecto de 1901, con tres plantas y volados balcones, al que sigue una sencilla casa de viviendas de mediados del siglo pasado. Centra la plaza la conservada fachada de un antiguo edificio del siglo XVIII, hoy derribado, que perteneció a los hermanos Viera y Clavijo y en cuyo solar fue construido el Archivo Histórico Provincial. Singular interés tiene la fachada de la casa siguiente, de carácter modernista, cuyo proyecto firmó el arquitecto Fernando Navarro y Navarro en 1915, a la que siguen, ya hasta el ángulo con el Ayuntamiento, otras dos casas, la primera de mediados del siglo XIX y la otra de fines del siglo XVIII, obra tradicional de la arquitectura canaria.

Concluiremos la descripción de esta plaza de Santa Ana con dos curiosidades: las típicas alfombras de flores, de gran belleza, que en algunas ocasiones adornan su parte central, y los perros de bronce que le dan acceso desde la parte baja, frente a la fachada de la catedral.

ALFINMORIR

Santillana del Mar

Como tantas otras plazas mayores de España, la de Santillana del Mar, llamada plaza Ramón Pelayo, tiene su origen en el espacio donde se celebraba el mercado medieval, al que confluyen las diferentes vías de la antigua población.

De planta triangular y con edificios construidos en piedra, esta plaza, al igual que toda la villa, fue declarada Monumento Histórico-Artístico por Decreto de 27 de julio de 1943.

El conjunto de la plaza presenta una serie de edificios de notable interés, cuya cronología abarca desde fines del siglo XIV hasta bien avanzado el XVIII. Las casas-torres, de traza medieval, son un ejemplo típico de la arquitectura que aparece en el siglo XIV como evolución de las tradicionales torres defensivas, también de gruesos muros, pero de mayor tendencia a la horizontalidad, y mucho más abiertas al exterior que las torres por predominar en ellas más el carácter residencial que la función militar. Junto a ellas se levantan otras edificaciones que responden al concepto de la casona montañesa, construidas en muchas ocasiones al regreso de los primeros indianos, evolución de la casa rural que suele mostrar zaguán abierto en la planta baja y gran solana en la superior.

Centra el lado sur de la plaza la torre de don Borja, de fines del siglo XIV o principios del XV, sede de la Fundación Santillana, que fue propiedad de Domingo Barreda Yebra. De planta cuadrangular y construida toda ella con piedra de sillería, tiene en la planta baja un gran arco apuntado que da acceso a un amplio zaguán. Dos esbeltos balcones se abren en la planta superior y muestran entre ellos dos piedras armeras. En la planta alta hay dos vanos de arco carpanel y otro más pequeño bajo el tejado. A su lado, y hacia el oeste, está la casa de Domingo Barreda Yebra, del siglo XVIII, de tradición clasicista, con fachada de piedra; tiene dos arcos de medio punto en el piso inferior y en el superior una balconada corrida con dos vanos; centrando el tejado aparece una buhardilla. Vemos después la casa de Pedro Antonio Barreda Bracho, ejemplo de

Las antiguas casas blasonadas, que nos hablan de otras épocas y de otras gentes, albergan hoy a sus vecinos y visitantes, que encuentran en las tiendas de antigüedades objetos que les hacen rememorar el pasado.

Corazón de la villa de Santillana, su Plaza Mayor, llamada plaza Ramón Pelayo, es paso obligado de sus habitantes en sus faenas agrícolas. Arriba, casona de Pedro Antonio Barreda Bracho y torre de don Borja.

En la parte baja de la casona de Pedro Antonio Barreda Bracho, ejemplo de casona rural, se conserva un antiguo carro, testigo del paso de los años.

casona rural de los siglos XVII y XVIII, con pórtico adintelado sobre severo pilar y arco de medio punto de acceso al interior. La planta superior presenta entramado de madera relleno de ladrillo, con cuatro vanos, dos balcones y dos ventanas, y sobre el tejado, otra buhardilla.

El lado oeste de la plaza se inicia con la almenada torre del Merino, conocida también como *la Torrona,* obra defensiva del siglo XIV, con sólidos muros de mampostería y esquinales de sillar. En la fachada que da hacia la plaza está la puerta, en arco apuntado, con grandes dovelas de piedra, y sobre ella se abre una ventana geminada, que corresponde al primer piso, y en el superior, un gran vano apuntado. Luce también grandes ménsulas de piedra. El tejado ha alterado su almenado medieval, que hoy se presenta como vanos cuadrados que iluminan el último piso. Junto a esta torre se alinean tres casas de pétreas fachadas, que fueron propiedad de Francisco Antonio Pantaleón de Villa, con un muro de mampostería en el que se aloja una fuente de sobrias formas. Por último, se halla también en este lado la antigua casa de Pedro Antonio Barreda Bracho y Ceballos, del siglo XVIII, actualmente Parador Nacional Gil Blas, incorporado a la Red de Paradores Nacionales en 1994.

Por lo que corresponde al lado este, comenzando por el inicio de la calle de Juan Infante, que desemboca en la plaza, encontramos una serie de edificaciones de interés

Vista de la plaza de Santillana del Mar. Entre los edificios ubicados en la plaza se encuentra el Ayuntamiento, gran casona del siglo XVIII*, al lado izquierdo de la fotografía, y la torre de don Borja, en el lado derecho, de fines del siglo* XIV *o principios del* XV.

entre las que destacan la casa de Igareda Calderón, del siglo XVII, que cierra la plaza con la mencionada calle de Juan Infante; la casa de Bernardo Velarde Ibáñez, edificada entre los siglos XIV y XVI; la casa de Barreda Yebra; la casa de José Antonio de Villa Tagle, del siglo XVII; la casa del Águila, del linaje de los Estrada, y la casa-torre de la Parra, de Bernardo Velarde Ibáñez, edificada entre los siglos XIV y XVI, llamada así porque antes toda la fachada estaba cubierta por una parra —cuando se secó, pusieron un entramado de madera—. Estas dos últimas casas se comunican interiormente, y son sede de la oficina de turismo y el Museo de las Comarcas de Cantabria.

Siguen en este lado dos edificios de propiedad municipal: la Casa Consistorial y la cárcel, uno en cada extremo. El Ayuntamiento es una gran casona del siglo XVIII, construida con piedra sillar, que muestra en su planta baja sobrios soportales con tres arcos de medio punto sobre pilares en su fachada principal y uno en la lateral, y en la planta noble balcón corrido de hierro con dos huecos adintelados, entre los cuales se sitúa el escudo de la villa. En la fachada lateral existe otro escudo con las armas de Santillana y un reloj de sol sobre la cornisa. Junto al Ayuntamiento, la casa de Jacinto Fernández de Bustamante, del siglo XVII, con sobria fachada de piedra sillar y dos galerías corridas con balconaje de madera y alero volado, a la que sigue otra casa de Bernardo Velarde Ibáñez, del siglo XVII y el edificio de la cárcel o prisión, también del siglo XVII.

El pasado es más bello, y más cómodo, cuando ya es objeto colgado de la puerta de una tienda. Así, al menos, parece al turista que lo compra.

Nuevamente en el lado sur, debemos destacar una preciosa casa de tres plantas, con saliente balconaje corrido y balaustres de madera en dos de ellas, que se levantan sobre el piso inferior de sillería bien trabajada, y por último, otra casa de tipo rural, posiblemente del siglo XVII, con puerta en arco de medio punto de dovelas pétreas y muro con entramado de madera relleno de ladrillo.

LA QUERELLE

Alcaraz (Albacete)

La ciudad de Alcaraz, histórico enclave estratégico, fronterizo entre Castilla y el reino musulmán de Murcia, fue conquistada por Alfonso VIII en 1213. Este hecho propició una activa etapa de repoblación y organización del nuevo Concejo, siéndole concedido por el mismo monarca un Fuero que se inspiró en el de Cuenca. En el siglo XV alcanzaba el título de ciudad. En franca decadencia al final de la Edad Media, tras la toma de Granada, lo que hizo que perdiera su interés estratégico, en el siglo XVI parece vivir un momento de auge, que se plasmará en los numerosos edificios renacentistas que entonces se levantan. Destaca en su magnífico conjunto artístico la Plaza Mayor, que se ha calificado como «solemne y sobria» y que goza de la categoría de Monumento Histórico-Artístico por Decreto de 28 de diciembre de 1945.

De planta rectangular, desemboca en ella la calle Mayor y se comunica por el sudoeste con la plazuela de la iglesia de la Trinidad y por el lado este con la del cementerio. Se comenzó a construir en los primeros años del siglo XVI con el propósito de que la población dispusiese de un espacio con soportales, apropiado para el mercado y otras actividades públicas y festivas. En ella se levantó un importante conjunto de edificios de notable interés artístico.

El lado sur se cierra con la lonja del Corregidor, también conocida como lonja de Santo Domingo, pues se alza al lado del desaparecido convento de este nombre. Edificada en 1518, fue su artífice Juan de Chiberria o Echeverría —no Juan de Baeza como han publicado algunos autores—, se reconstruyó en 1718, siguiendo en la arquería del piso inferior la sobriedad impuesta por las de los otros edificios civiles de la plaza, mientras que en la galería superior, arquitrabada y con esbeltas columnillas, centrada por un escudo, se conservan los antepechos calados renacentistas.

En el ángulo sudeste se levantan las imponentes torres del Tardón y de la Trinidad, prismáticas e irregulares. La primera de ellas, de planta hexagonal, adosada a la lonja de Santo Domingo, es obra civil y soporta el reloj municipal. Su nombre parece pro-

Lado norte de la Plaza Mayor, con el edificio del Ayuntamiento, levantado en 1588, cuya fachada principal corresponde a la reforma llevada a cabo en 1884.

En la planta superior de la lonja del Corregidor, o de Santo Domingo, edificio reconstruido en 1718, todavía se conservan algunos elementos de su primitiva fábrica, como los antepechos calados y los escudos que la centran.

venir de una campana —fechada en 1444 y conservada en el Ayuntamiento— que se tocaba «de tarde en tarde», cuando era necesario reunir a la población con motivo de incendios, fuga de presos, llamadas a Concejo y otros acontecimientos singulares. Comenzada a construir a partir de 1555 por Bartolomé Flores, fue tasada en 1568 por Andrés de Vandelvira, y se aprecia en su fábrica notable influencia de este arquitecto, particularmente en la decoración escultórica: los guerreros que sostienen el escudo o, en la hornacina, San Ignacio, Santa Águeda y Santa Bárbara, estas dos a modo de cariátides, son característicos de su estilo. El cornisamento y los infanzones del mismo fueron labrados, años más tarde, por el cordobés Bartolomé de Pedrosa.

La torre de la Trinidad se inició en 1544 y presenta mayor sobriedad en sus formas y elementos decorativos.

El lado este de la plaza se cierra parcialmente con el muro de la capilla de San Sebastián, o del baptisterio, aneja a la iglesia de la Santísima Trinidad y donde figura una cartela con la fecha de 1592.

En el lado norte se encuentra el edificio del Ayuntamiento o del Ahorí, levantado en 1558. Su fachada actual, de sobrio clasicismo, con doble galería de cinco vanos de arco de medio punto entre pilastras en cada una de las plantas —a inferior de soportales—, es el resultado de la reforma llevada a cabo en 1884 por el arquitecto provincial de Albacete. Entonces se desmontó la tercera planta, que presentaba una galería de orden toscano —similar a la que corona en la actualidad la lonja de Santo Domingo—, quedando alterada la antigua balconada corrida. Se corona con las armas imperiales. En este mismo edificio, pero sobre la calle Mayor, se abre la puerta del Ahorí o de la Aduana, bella obra plateresca con exquisita decoración de grutescos y balaustres, sobre cuyo arco de entrada figura el escudo de Alcaraz. Fechada entre 1530 y 1540, las modernas investigaciones la vinculan a la obra de Jacobo Florentino.

En el ángulo noroeste se levantan otras dos construcciones de finales del siglo XVI: el arco de la Zapatería y la casa de la Carnicería —aunque esta perdió su fachada a finales del siglo pasado, tras ser adecuada para viviendas, conserva su estructura interior.

Por último, en el lado oeste, debemos mencionar el edificio del Pósito o de la Regatería, de 1592, con dos pisos de arquerías, con doce arcos de medio punto abiertos entre pilastras en cada uno de ellos.

Vista nocturna de la Plaza Mayor de Alcaraz. De planta rectangular, se levantan en esta plaza singulares edificios renacentistas, entre los que destacan las torres del Tardón y de la Trinidad, la lonja del Corregidor o de Santo Domingo, el arco de la Zapatería, la casa de la Carnicería y la Casa Consistorial.

PLAZA MAYOR
COMENZÓ SU EDIFICACIÓN A FINALES DEL SIGLO XIII COMO
PLAZA DE ARMAS. EN EL SIGLO XIV SE PARCELA Y PRIVATIZA
CON GALERIAS ABIERTAS COMO ESPACIO SEMIPÚBLICO, PARA
LOS ESPECTÁCULOS Y ACONTECIMIENTOS QUE EN ELLA SE
CELEBRARON. LA PRIVATIZACIÓN TOTAL SE REALIZA A FINES
DEL XVIII Y PRIMEROS AÑOS DEL XIX PARA SU UTILIZACIÓN COMO VIVIENDA

Almagro (Ciudad Real)

En el camino de Toledo a Granada, teniendo como posible origen un pequeño castillo árabe localizado por algunos historiadores en lo que hoy es ermita de San Juan, nació la villa de Almagro —ciudad desde 1796— poco después de la batalla de las Navas de Tolosa, que tuvo lugar en 1212, y le fue otorgado Fuero por Fray Gonzalo Yáñez de Noboa, IX maestre de la orden de Calatrava, que confirmó en 1222 el rey Fernando III el Santo. Capital de los calatravos y de lo que después se ha dado en llamar, tanto histórica como geográficamente, Campo de Calatrava, alcanzó pronto tal pujanza que el rey Alfonso X el Sabio convocó Cortes en ella en 1273.

Comenzada la construcción del palacio Maestral, al reclamo de los privilegios forales se fue urbanizando la nueva población, dando lugar a una plaza que se convertiría en lugar de reunión y particularmente de mercado. El rey Enrique II concedió en 1372 dos ferias que debían celebrarse, una «que comience el lunes de las octavas de pascua de resurrección e dure tres semanas e la otra que comience por el día de Sancta Maria de Agosto e dure otras tres semanas».

La plaza medieval sufrirá una notable transformación a lo largo del siglo XVI, coincidiendo con la llegada a Almagro de los Fúcar —españolización del flamenco Fugger—, banqueros súbditos del emperador Carlos V, a quienes se les había arrendado las minas de azogue de Almadén como privilegio por el apoyo económico de la banca familiar durante las guerras de Europa. Se levantaron nuevos edificios en la plaza —en aquellos momentos en proceso de reconstrucción— y parece que se debe a ellos la influencia de las galerías acristaladas, con recuerdos septentrionales, que ennoblecen y dan un aspecto singular a los dos lados mayores de esta Plaza Mayor de Almagro, denominación con la que tradicionalmente se la ha conocido, aunque en distintos momentos haya recibido otros nombres, de acuerdo con los avatares políticos, como de la Constitución, de la República, Real o de España, tras la última guerra civil.

Aspecto de los soportales y galerías acristaladas de las casas de la Plaza Mayor de Almagro, soportados por columnas de piedra de orden toscano y carpintería actualmente pintada de verde. En 1788 lo había sido de azul, con motivo de la proclamación de Carlos IV.

Detalle de la singular Plaza Mayor de Almagro.

En la década de los sesenta de este siglo se comenzó su restauración, que concluía en 1967, tal como figura en una placa colocada en el edificio del Ayuntamiento: «EL MINISTERIO DE LA VIVIENDA RESTAURÓ ESTA PLAZA MAYOR. LA COMISIÓN PROVINCIAL DE MONUMENTOS ERIGE ESTE TESTIMONIO EN AGRADECIMIENTO.» La obra de restauración, dirigida por el arquitecto Francisco Pons-Sorolla, devolvió al singular conjunto la nobleza y el esplendor del siglo XVI. Por Decreto del Consejo de Ministros de 13 de julio de 1972 la ciudad de Almagro fue declarada Conjunto Histórico-Artístico, y esta Plaza Mayor es uno de los elementos más definitorios del conjunto, que se completa con un importante número de iglesias, conventos y palacios.

De planta rectangular irregular, uno de sus lados mayores se abre en la parte correspondiente al palacio Maestral, y según planos antiguos tiene 125 varas de longitud por 44 de anchura, lo que traducido a metros nos da 104,5 por 37 metros aproximadamente.

En el lado este, uno de los menores, se levanta el Ayuntamiento, edificio que ha sufrido numerosas transformaciones. Una de las más importantes fue la que llevó a cabo en 1865 el arquitecto Cirilo Vara y Soria. Restaurado en 1967 con el conjunto de la plaza, ofrece una elegante fachada de piedra sillar, con tres puertas y ventanas enrejadas en la planta baja y en la principal balcón corrido con cinco vanos adintelados, coronado el central por un gran escudo con las viejas armas de la ciudad —las de la encomienda de las Casas de Almagro, con la cruz flordelisada de la orden de Calatrava y en punta las dos trabas negras, insignia esta del maestre—. En el ángulo izquierdo del edificio destaca una pequeña torre aterrazada donde se encuentra un reloj de forja y de la que sobresale una singular estructura metálica, también de forja, que sostiene la campana, fechada en 1798 y que proviene del antiguo convento de Santa Catalina, de frailes franciscanos. De su interior hay que mencionar la gran escalera de piedra con barandilla de hierro forjado del siglo XVIII, además de un rico patrimonio histórico-artístico compuesto por restos arqueológicos, esculturas y pinturas de diferentes autores y épocas y un rico fondo documental.

Flanquea el edificio consistorial una mansión solariega, de balcones asimétricos y corrido balcón angular sobre columnas pétreas, que fue restaurada junto con el resto de la plaza. La puerta de entrada, de mediados del siglo XVI, fue trasladada aquí desde un edificio de la antigua calle de la Compañía. En su dintel aparecen las armas de la familia Arce. Al otro lado, un noble edificio con planta baja también de piedra y dos alturas de muro blanqueado en el que se abren bien dibujados balcones.

Junto al bloque configurado por el Ayuntamiento y el edificio esquinado se levanta la iglesia del convento de San Agustín.

La mayor singularidad de esta plaza se centra en sus lados mayores, donde se levanta un armónico conjunto de viviendas que se disponen sobre soportales en dos alturas, sostenidas por ochenta y cinco columnas de piedra de orden toscano, sobre las que descansan las gruesas zapatas y vigas de madera pintadas de almagre. Estas edificaciones de modestos materiales —se utiliza yeso, adobe y ladrillo para encuadrar los pies derechos y el enmaderado que le da consistencia a la construcción— tienen su mayor originali-

dad en el doble piso de galería acristalada, que proporciona un característico sabor y notable originalidad al conjunto por tratarse de un caso singular de la arquitectura castellana. Estas galerías estuvieron inicialmente abiertas, eran de carácter público y se utilizaban para presenciar los espectáculos que tenían lugar en la plaza. Posteriormente, al privatizarse, se cerraron. Sus ventanas balconcillos, al igual que los barrotes torneados, debieron estar pintados de almagre en un principio, pero posteriormente, con motivo de la proclamación del rey Carlos IV en 1788, se pintaron de azul. En la actualidad todo su maderamen está pintado de verde. El escaso muro existente entre la carrera del soportal y la planta baja y entre los dos pisos de galerías está pintado de blanco. Sobre las galerías, sencillos canecillos soportan el alero, y en el tejado, cubierto con teja árabe, se levantan buhardillas encaladas, blancas chimeneas y algunas veletas de hierro.

De esta plaza de Almagro afirmaba Gómez de la Serna: «... es por lo pronto una inesperada delicia que más que con cualquier otra análoga manchega tiene que ver con alguna plazuela nórdica o flamenca con olor a mar».

En el lado norte de la plaza, a la derecha desde el Ayuntamiento, se abre el callejón del Villar, donde puede observarse la estructura de la construcción de las viviendas, además de otros elementos, como una columna con capitel tallado en el que figura una jarra con azucenas. Aquí se ubicó en 1989, provisionalmente, el Museo Nacional del Teatro. En el lado sur se localiza la antigua calle del Toril, hoy del Capitán Parras, en recuerdo de un hijo de este pueblo que murió heroicamente en 1924 durante la guerra

Vista general de la Plaza Mayor de Almagro. De planta rectangular irregular, sus dos lados mayores muestran actualmente un armónico conjunto de viviendas de dos alturas sobre soportales, y en el lado menor, el edificio del Ayuntamiento.

ASSOLODIOS ELHONOR
33
CASA
SOLARIEGA
DE
LOS ROSALES

de África. En esta calle, como su nombre indica, se localizaban los toriles para encerrar en ellos a los toros que se lidiaban en las fiestas celebradas en la plaza. En esta misma acera, además del Corral de Comedias, al que luego nos referiremos, y junto a él, se encuentra la casa de Diego de Molina el Viejo. El soportal y las galerías acristaladas se truncan con dos grandes columnas de granito que sostienen zapatas y una poderosa viga con escudos familiares, que según dice la tradición fue el palo mayor de la nave de un almirante que la trajo hasta Almagro cuando se retiró. Sobre ella asoman dos elegantes balcones. La magnífica portada enmarcada de piedra, de fines del siglo XVI, presenta escudo con las armas de Molina, Dávila y Fajardo. Otras edificaciones mantienen algún resto de interés, como dos casas con dinteles de piedra, en uno de los cuales figura la inscripción «AVE MARIA y JHS» y la fecha de 1712, o la casa de los Rosales, con magnífica fachada de fines del siglo XVII.

El Corral de Comedias de Almagro, único en España de sus características, se ubica en el antiguo mesón de la plaza, que era conocido popularmente como mesón o posada de las Comedias. Aunque no tenemos noticia de la fecha de su construcción, por sus características parece corresponder a los últimos años del siglo XVI o primeros del XVII. Una bien lograda restauración ha devuelto a este conjunto teatral del Siglo de Oro su aspecto original. Inaugurado el día 24 de mayo de 1954, fue declarado Monumento Histórico-Artístico por Decreto ministerial de 4 de marzo de 1955. Su interior tiene vigas y zapatas pintadas de llamativo almagre que destaca sobre la cal. La cazuela, galerías, escenarios, aposentos de gente principal y camerinos de comediantes forman un conjunto difícil de olvidar. Vinculado a este teatro se celebra en Almagro, cada mes de julio, el Festival Internacional de Teatro Clásico.

Por último, y desde el punto de vista arquitectónico, nos ocuparemos del palacio Maestral, del que poco se conserva tras el incendio ocurrido en el siglo XVIII, cuando estaba dedicado a cuartel de caballería. Reformado en aquel momento y destinado a partir de 1802 para sacro convento de Calatrava, tras la Desamortización de Mendizábal de 1834 pasó a manos particulares: parte de sus dependencias se destinaron a casino y tan solo conserva de interés una galería y el patio.

Esta Plaza Mayor, a lo largo de la historia, y como era habitual, acogió la celebración de justas y torneos y otros juegos guerreros, además de ser el lugar de celebración de las corridas de toros, hasta la inauguración en 1845 de la plaza de toros. Ya hemos mencionado la calle del Toril, donde se mantenían los toros para ser lidiados. Los soportales de la plaza se cerraban con barreras y se construían tablados y graderíos de madera para alojar a los espectadores. Los más pudientes alquilaban los distintos balcones de las casas que dan a la plaza. Tenemos constancia de la celebración de corridas de toros, además de en otras ocasiones, en los años 1663 y en 1833, con motivo de la subida al trono de la reina Isabel II.

En la zona ajardinada frente al palacio Maestral se levantaba, cerrando la plaza, la antigua iglesia de San Bartolomé, derribada en los primeros años del siglo XIX y con cuyas piedras se construyó la plaza de toros. En estos jardines se colocó una estatua ecuestre del adelantado de Chile, hijo de esta villa, don Diego de Almagro, obra del escultor manchego Joaquín García Donaire.

Bajo los soportales de la plaza se alojan tiendas con los ricos productos agrícolas y artesanales de Almagro.
A la izquierda, la magnífica portada de la casa de los Rosales en la Plaza Mayor, labrada en piedra a fines del siglo XVII, muestra en su parte superior una piedra con las armas de la familia.

Estas galerías –actualmente cerradas con cristales y destinadas a viviendas–, estuvieron en otro tiempo abiertas y sirvieron para presenciar los espectáculos que tuvieron como escenario esta plaza.
(Doble página siguiente).

iscis

PLAZA
MAYOR
CCM

Cuenca

En lo alto de un angosto espolón rocoso, situado entre los profundos cauces de los ríos Júcar y Huécar, próximos ya a su confluencia, se levantó la ciudad de Cuenca. Debió de tener su origen —como sugiere lo estratégico del lugar— en un primitivo castillo musulmán. Fue conquistada por Alfonso VIII en 1177, quien le otorga Fuero y la convierte en sede episcopal. La nueva catedral se levanta en lo más alto de la población, en lo que hoy es la Plaza Mayor Pío XII, centro turístico de la ciudad.

Su planta pentagonal irregular y los diferentes niveles que presenta responden principalmente a la angostura del espacio en el que se asienta y es el resultado de distintas ampliaciones, entre otras las efectuadas en 1517 y 1528, cuando fueron adquiridas y derribadas varias casas.

En esta Plaza Mayor conquense se localizan, además de una serie de construcciones de tres alturas, de escaso interés, la mayor parte de ellas levantadas a finales del siglo pasado, tres edificios singulares: el Ayuntamiento, la catedral y el convento de San Pedro y San Lorenzo Justiniano.

El edificio de las Casas Consistoriales cierra la Plaza Mayor por el lado sur. Se trata de una magnífica construcción barroca que sustituyó a la antigua, que en 1733 se encontraba en muy mal estado. En esa fecha fue inspeccionada por tres arquitectos, entre los que se encontraba Jaime Bort, arquitecto y fontanero mayor de la ciudad, a quien se le encargó un proyecto para un nuevo edificio, que era entregado un año más tarde. Hasta 1759 se dilataría el inicio de las obras, que se concluirían, siguiendo fielmente el proyecto de Bort, en 1762. Desde su privilegiada posición se divisan las hoces de los dos ríos, el Júcar y Huécar. Levantado sobre tres amplios arcos que ponen en comunicación la Plaza Mayor con la anteplaza, la fachada principal da a la primera de estas. Consta de dos pisos, y en el principal se abren tres balcones adintelados entre pilastras y enmarcados por molduras que dan acceso a la galería protocolaria. Sobre los balcones y en los frontones partidos, escudos y la inscripción que fecha el edificio: «Reinando la Majestad

Antiguo buzón de Correos de bronce, en el edificio del Ayuntamiento de Cuenca.

Fuente del convento de las Petras o de la Plaza Mayor. En el muro del convento de San Pedro y San Lorenzo Justiniano se encuentra esta fuente de piedra que fue labrada en el siglo XVIII.

Fachada del Ayuntamiento de Cuenca. Este monumental edificio barroco, que cierra la Plaza Mayor por el lado sur, aunque permite el tránsito de personas y vehículos por los tres arcos que atraviesan su planta baja, fue construido a partir de 1759 con proyecto del arquitecto Jaime Bort.

del Señor don Carlos III (Q.D.G.) siendo su Intendente General don Agustín Núñez del Nero, año de 1762.» En el cuerpo superior aparecen seis ornamentadas ventanas entre pilastras de orden corintio. En el centro, un escudo real. Sobre la cornisa se levanta un antepecho que oculta el tejado, decorado con un escudo central y que se corona por frontón curvo partido sobre el que se yergue la figura de un león. En 1970 esta fachada fue reformada por el arquitecto Miguel A. Ortiz. La fachada posterior del edificio se abre a la anteplaza y la lateral «cuelga» sobre la hoz del Júcar.

En el lado este de la plaza, y sobre elevada escalinata, se levanta la catedral de Nuestra Señora de Gracia, imponente construcción declarada Monumento Histórico-Artístico por Real Decreto de 23 de agosto de 1902. Iniciada su construcción en 1182 gracias a donaciones del rey Alfonso VIII, su consagración tuvo lugar en 1208. Con posterioridad, otras numerosas obras han ampliado la primitiva estructura catedralicia, decorando y enriqueciendo sus capillas y dependencias. La fachada principal, la de los pies del templo y precisamente la que da a la Plaza Mayor, única parte del edificio que estudiaremos, responde a la restauración neogótica llevada a cabo a partir de 1910 por el arquitecto Vicente Lampérez tras el hundimiento, el domingo 13 de abril de 1902, de la torre del Giraldo, lo que afectó profundamente a la fachada. El arquitecto recons-

tructor, que dejó inacabada la obra, mantuvo las tres puertas de ingreso góticas, y modificó el segundo cuerpo de la fachada, que pretendió devolver a su purismo goticista.

Por último, nos ocuparemos del convento de San Pedro y San Lorenzo Justiniano, de religiosas conocidas como *las Petras*, fundado en 1509 por don Alfonso Ruiz. El edificio que hoy podemos contemplar, con blanca y remozada fachada, que cierra la plaza por el lado norte, responde al levantado tras el incendio que lo destruyó prácticamente el día 6 de abril de 1940. Edificio de volúmenes muy cerrados, su iglesia, del siglo XVIII, tiene planta elíptica y es obra del arquitecto José Martín de Aldehuela, sobre proyecto anterior de Alejandro González Velázquez; fue restaurada tras los daños sufridos durante la guerra civil. La llamada fuente del convento de las Petras o de la Plaza Mayor, de piedra, fue labrada en el siglo XVIII.

Con anterioridad a la denominación actual de Plaza Mayor Pío XII, dada por acuerdo del Ayuntamiento de fecha 15 de marzo de 1957, se llamó plaza del Rollo, plaza de la Constitución y, desde 1 de marzo de 1943, Plaza Mayor de Calvo Sotelo.

A lo largo de la historia la plaza ha sido lugar de celebración de corridas de toros, autos de fe y procesiones. En la actualidad, cada año, para las fiestas de San Mateo, el 21 de septiembre, se convierte en coso taurino donde se sueltan vaquillas enmaromadas.

La fachada de la catedral de Cuenca preside la parte alta de la plaza, y sus escaleras equilibran el desnivel del terreno a golpe de peldamos.

DEL
REGALO

Ocaña (Toledo)

La historia de la ciudad de Ocaña se vincula a la figura del rey don Alfonso VI de Castilla, al ser parte de la dote que el emir de Sevilla dio a su hija Zaida por su casamiento con el rey castellano en 1082. Tomada nuevamente por los musulmanes, algunos historiadores afirman que fue reconquistada por el mismo monarca en 1106. Posesión primero de la orden de Calatrava, fue sede maestral de la de Santiago a partir de 1177 ó 1182. Aquí convocaron Cortes los reyes don Juan II (1422) y Enrique IV (1468). Escenario de la guerra de Sucesión, durante la de la Independencia, en el otoño de 1809, se libró en ella la batalla que tomó su nombre.

En el conjunto urbano medieval de Ocaña había una antigua plaza, de planta irregular, que se encontraba en el mismo solar que la actual, aunque englobando en ella la parroquia y plaza de San Pedro. Se trataba, según algunas descripciones, de la típica plaza castellana, con soportales sostenidos con pies derechos de madera y fachadas que alcanzaban hasta seis pisos de altura, en las que se abrían 336 ventanas que eran objeto de alquiler por parte de sus dueños cuando se celebraban festejos taurinos y otros espectáculos que recuerda Lope de Vega en su obra *Peribáñez y el comendador de Ocaña.*

Ante el completo deterioro de dicha plaza, y decidida la construcción de una nueva Plaza Mayor, comenzaron las obras en 1777 con proyecto del arquitecto Francisco Sánchez (San García, Segovia, 1737-Madrid, 1800). El Ayuntamiento de Ocaña, en sesión del día 27 de febrero de 1777, nombraba en su seno una comisión, integrada por don Ignacio de Salazar y Miranda, don Manuel del Río y don Ignacio de Rivera y Arnalte, y como agregado al maestro de obras don Manuel Melquíades, para inspeccionar los trabajos de la nueva plaza, que quedaba convertida en el punto neurálgico de la población. Las principales vías de la ciudad accedían hasta ella por medio de cinco arcos de entrada, sin contar el de la calle Mayor, ubicado en la parte inconclusa de la misma.

De la construcción de la nueva plaza se ocupa el abate Ponz en el tomo XVI de su *Viaje de España*, publicado en 1791, al mencionar que «... van construyendo y llevan

Amplios arcos ponen en comunicación la Plaza Mayor de Ocaña con las calles de su entorno.

Detalle de la torre del reloj de la Casa Consistorial.

adelante con uniformidad las fachadas de su espaciosa plaza, casas de cabildo, etc.». Será hacia esta fecha cuando se culminen las obras de la fachada oeste, donde se levanta el edificio consistorial, que se llevó a cabo con los «fondos públicos» de la villa, tal como figuró en una de las lápidas que fueron colocadas en la fachada del Ayuntamiento. Las obras de la fachada norte fueron costeadas con un préstamo a censo que hizo la villa de Yepes a la de Ocaña, redimido por el Gobierno cuando se verificó su venta como bienes del Estado. La fachada norte, conocida como de la Virgen, fue sufragada con fondos de la hermandad de Nuestra Señora de los Remedios, patrona de la villa, también vendida como la anterior.

El lado este, donde se encontraba el edificio de la cárcel, quedó incompleto hasta fecha relativamente reciente. Dos intentos para su terminación fracasaron. Una primera iniciativa correspondió a los padres dominicos, que pretendían acabarla en 1834 pero no lograron su objetivo. En 1868, el municipio acordaba su conclusión a cargo de los bienes propios de la villa. Encargado el proyecto y presupuesto de la obra al arquitecto provincial de Toledo don Mariano Sánchez, este era aprobado el día 23 de agosto de 1869, subastándose por la cantidad de 158.719 reales y 10 céntimos, que remató casi por esa cantidad el contratista toledano don Antonio Sanabria. Sin embargo, y por causas que ignoramos —por favorecer intereses particulares, se apunta en la *Historia de Ocaña*, publicada por aquellos años por Láriz y García Suelto y Díaz Ballesteros—, fue rescindido el contrato. Será ya en 1961 cuando se concluya esta bella Plaza Mayor, construyéndose la fachada oeste con motivo de la coronación de la Virgen de los Remedios, patrona de Ocaña, solemne ceremonia en la que participaron unas 25.000 personas.

En 1849 se colocaba una farola en el centro de la plaza, que sería sustituida más tarde por una fuente que dejó su lugar en 1987 a una nueva farola de forja, obra de Luis Suárez, hijo de la villa. También en esta plaza, en la entrada de la calle Mayor, se encontraban hasta 1565 la picota o rollo jurisdiccional, de fines del siglo XV.

De planta ligeramente rectangular, aproximándose al cuadrado, es un paralelogramo de 202 pies de longitud por 193 de anchura, es decir, 55 por 52,5 metros. Sus fachadas guardan una armónica simetría, desarrollada en cuatro alturas. La planta baja, soportalada, se abre con arcos de medio punto de ladrillo —dieciocho arcos en los lados mayores y diecisiete en los menores— que apoyan en 70 pilares pétreos de sillares almohadillados de piedra de Colmenar. Las galerías, en las que se alojan distintos comercios, se cubren con vigas de madera y bovedillas. En sus dos pisos, también construidos con ladrillo, se abren balcones, rematado todo por una cornisa de orden toscano. Sobre el pendiente tejado se levantan buhardillas, a eje de balcones y arcos.

En el armónico conjunto de esta plaza destaca el edificio de la Casa Consistorial. De su construcción, sustituyendo al antiguo —«en lugar del ruinoso y feo vejestorio de maderas podridas que entonces tenía», como nos dice Ponz—, fueron testimonio las dos inscripciones que figuraron en su fachada: «REINANDO CARLOS III AÑO MDCCLXXXII», que debe de hacer alusión al inicio de la obra, y la que alude a su conclusión, «REINANDO CARLOS III SE CONCLVIO ESTA FACHADA A EXPENSAS DE LOS FONDOS PUBLICOS DE ESTA VILLA. AÑO DE 1791.» Al

parecer, estas lápidas se quitaron de su lugar tras ser bombardeados el edificio y la plaza durante la última guerra civil.

Este consistorio comparte con la plaza su armónica arquitectura, abriendo en la primera planta tres balcones volados, con barandilla única de hierro, y en la superior otros dos, que escoltan el escudo con las armas de la villa labrado en piedra, superado por una corona ducal y sostenido por dos leones, que se aloja bajo la cornisa, aquí de forma curva a modo de frontón. En el tejado, una pequeña torrecilla soporta el reloj, y sobre el tejadillo, un templete con cubierta piramidal y veleta acoge la campana, copia del que fue destruido durante la guerra civil, colocado en 1980. El edificio, hoy perfectamente restaurado, fue saqueado en 1809 durante la guerra de la Independencia y bombardeado y destruido en gran parte el día 27 de noviembre de 1937.

El suelo de la plaza se empedró, al igual que las galerías, en los años 1848 y 1849, siendo alcalde don Rafael Pinilla. En la actualidad, y desde 1969, presenta un bello empedrado realizado con cantos rodados que forman casetones enmarcados entre hileras de losas de piedra.

De entre las numerosas noticias históricas y curiosidades que podríamos mencionar de esta plaza, destacaremos que en 1820 el conde de la Bisbal, don Enrique José O'Donnell, proclamó la Constitución de 1812 ante el regimiento imperial Alejandro. En 1838, en el balcón principal del Ayuntamiento, se celebró el Santo Sacrificio de la Misa para las tropas de la reserva del general Espartero, compuestas por doce mil hombres, y al mando de las cuales estaba el marqués de las Amarillas.

El día 21 de julio de 1981 fue incoado expediente para su declaración como Monumento Histórico-Artístico. Esta Plaza Mayor de Ocaña da nombre, desde 1987, a una asociación teatral.

En 1777, con proyecto del arquitecto Francisco Sánchez, se comenzaba la obra de la nueva Plaza Mayor de Ocaña, cuya construcción no se concluiría hasta 1961. De planta ligeramente rectangular, acoge la Casa Consistorial y casas de vecinos.

PALACIO
DEL
AYUNTAMIENTO
ESTILO =
SIGLO = XVI
ARQUITECTOS =
ESCUELA =

Sigüenza (Guadalajara)

La ciudad de Sigüenza, con sede episcopal desde fines del siglo V o principios del VI, fue reconquistada en 1124 por Bernardo de Agen, quien se convertiría, tras la concesión del rey Alfonso VII en 1138, en su primer obispo-señor de la ciudad y de su tierra. Entonces se comenzó a construir la catedral, cuyas obras se dilatarían hasta el siglo XV.

En el casco histórico seguntino destaca la Plaza Mayor, antes llamada de la Iglesia y del Mercado, que se comenzó a urbanizar a partir de 1488 ante la portada sur de la catedral, tras el derribo de la cerca que aislaba el templo de la ciudad por mandato de su obispo el cardenal don Pedro González de Mendoza. Este prelado recordaría esta circunstancia años más tarde, en la provisión dada el día 15 de abril de 1494 a propósito del mercado: «... mandamos derribar la cerca que estaba entre la dicha nuestra iglesia y ciudad para que se ficiese plaza delante de ella, e porque estoviese más adornada mandamos facer casas a la parte de la cerca e puerta de la cañadilla e portales enfrente de la dicha nuestra iglesia». A partir de 1489 se comenzó la construcción de las casas del lado este, de otras con soportales en el lado sur y de la casa del tesorero del cabildo en el lado oeste, conformándose así la nueva plaza —de menores dimensiones que la actual— que quedaría concluida a mediados de 1492.

Por voluntad del mismo cardenal Mendoza, se trasladaría a esta plaza la celebración del mercado semanal, tal como se contiene en la provisión antes mencionada: «Y porque nuestra voluntad es que el mercado que se face en la plaza de la dicha ciudad haya de ser de aquí adelante en la dicha plaza que está delante de nuestra iglesia, porque principalmente la plaza es mayor y logar más convenible para el dicho mercado que se face el miércoles de cada semana, así por lo susodicho como porque será causa que los que a él vinieren entren a oír el culto divino y están cerca de la fuente y de la puerta de la ciudad.» Este traslado significó un largo pleito entre el Ayuntamiento de Sigüenza y el Cabildo Catedralicio.

Placa informativa de la Plaza Mayor de Sigüenza.

Detalle de la Plaza Mayor de Sigüenza, con la placa del edificio del Ayuntamiento.

Ubicado el mercado en su nuevo emplazamiento, pronto se vio la necesidad de levantar soportales o corredores, con pies derechos de madera, en el lado mayor de la plaza, donde se encontraban ya construidas distintas casas habitadas por miembros del Cabildo Catedralicio y algunos de los maestros que trabajaban en la catedral, obras que se llevaron a cabo en los últimos años del siglo XV. La plaza se acababa de empedrar en 1507.

Pocos años más tarde, entre 1512 y 1514, y posiblemente por el deseo de embellecimiento de la plaza, se sustituyeron los soportales de cinco de las siete casas del lado este por arcadas de piedra. Las obras estuvieron a cargo de los maestros Gonzalo de Azebo y Rodrigo de Calahorra, siguiendo las trazas de Juan de Garay. Quedó así la plaza hasta que en 1520 un incendio fortuito quemó las dos últimas casas del lado este y afectó también a las del lado sur.

Ganado por el Cabildo en 1532 el litigio que mantenía con el Ayuntamiento respecto a la permanencia del mercado en la plaza de la Iglesia —que así se llamaba entonces—, tras el incendio de 1520 se planteó el Cabildo ampliar la plaza, para lo que adquirió en 1532 un solar llamado en la documentación «de doña Margarita», y una casa, propiedad de Pablo Gutierres, que se encontraban en su lado sur, agregándose el primero para ampliar el perímetro de la plaza —junto a lo ocupado por las casas que se habían quemado— y dedicada la casa acabada de comprar para la Mesa Capitular, aunque el Cabildo se reservó en ella un balcón para asistir a las fiestas que se celebraran en la plaza. En el lado este se levantaron entre 1533 y 1538 nuevas casas que siguieron el modelo de las ya existentes, aunque con algunas pequeñas variaciones. Todas estas obras de ampliación de la plaza y del balcón construido adosado a la casa que fue de Pablo Gutierres fueron dirigidas por el maestro Horquicio. Las columnas y basas del balcón fueron labradas por Francisco de Baeza y Nicolás Durango. Tal vez se pudiera atribuir a Baeza, en aquellos años maestro de obras principal de la catedral, la traza de esta fachada sur de la plaza.

Reservándose el Cabildo el acceso al balcón, en mayo de 1536 se vendía al deán don Rodrigo de Miranda «la casa e solar que era de Pablo Gutierres», en la que comenzó a hacer obras. Muerto el deán Miranda, las casas de su propiedad fueron compradas nuevamente, el 5 de enero de 1540, por el Cabildo, que las destinó a Casa Principal de la Obra. Se concluyeron entonces las obras del patio y se convirtió en residencia habitual de los deanes. Tras ser ocupado durante algunos años como convento por una comunidad de franciscanos, se trasladó en 1895 a este edificio la actividad municipal desde el antiguo Consistorio, del siglo XVI, ubicado en la plazuela de la cárcel.

La Plaza Mayor de Sigüenza, de planta rectangular, tiene en su lado sur el edificio del actual Ayuntamiento, construido, como ya hemos visto, en la primera mitad del siglo XVI. Restaurado y reinaugurado en 1978, muestra a la plaza su fachada —ahora considerada principal— donde se levanta el antiguo balcón del Cabildo, con dos plantas de arco de medio punto, seis en cada una de ellas, que apoyan en columnas toscanas. En el tercer piso, pies derechos de madera soportan el tejado, dando lugar a una logia. Su fachada lateral, de notable interés, se abre en la calle Mayor, que conduce hasta el castillo, residencia de los obispos señores de Sigüenza, hoy convertido en Parador Nacional.

Vista de la Plaza Mayor de Sigüenza. De planta rectangular, en el lado norte se levanta la catedral.

En el lado este se disponen las casas de los canónigos, con muros de mampostería, con soportales en arco de medio punto sobre columnas de piedra de orden toscano que destacan en su planta baja y dos plantas en las que se abren balcones que aún mantienen en sus muros algunos escudos. En este mismo lado se encuentra la puerta del Toril, abierta en la muralla de la ciudad y que da paso al puente sobre el arroyo Vadillo. La fachada de las casas que se ubican entre esta puerta y el muro de la catedral se diferencia del resto por no presentar arquerías en sus plantas bajas y tener, en cambio, en su tercera planta, curiosas galerías de madera, de fuerte tradición castellana.

En el lado oeste, entre otras edificaciones, debemos mencionar la antigua casa del tesorero del Cabildo, del siglo XVI, también llamada Contaduría de Mendoza, que sufrió un incendio hace unos años, con dos plantas construidas con mampostería y dos torrecillas laterales. Destacan en su fachada la portada en arco conopial, el escudo del cardenal Mendoza y el balcón corrido que ocupa la planta principal, habilitado posiblemente a fines del siglo XVI o principios del XVII cuando se construyeron los de la contigua casa del Mirador —edificada por el Concejo para que sus miembros pudieran presenciar desde ella con dignidad «las fiestas y toros que corrían para San Roque» y «otros regocijos públicos».

as Tapas

Interior de los soportales en las casas de los canónigos

De la celebración de festejos taurinos en esta plaza, con autorización papal para recaudar con ellas los fondos necesarios que permitieran el arreglo de los caminos y las murallas, es claro testimonio la ya mencionada puerta del Toril.

La cabecera de la catedral, desde el crucero, ocupa el lado norte de la Plaza Mayor, que tiene su continuidad en la plaza del obispo Bernardo, dispuesta haciendo ángulo recto con la primera. De ella debemos destacar el conjunto de la esbelta capilla mayor y la girola, además del crucero que muestra un gran rosetón medieval. Adosada a este y a la capilla de los Arce, o del Doncel, se levanta la esbelta torre del Santísimo, del siglo XIV, que acaba con un ramo de azucenas de metal, símbolo de la catedral. Su denominación tiene origen en que en ella se encontraba la campana que tocaba cuando se iba a dar la comunión a los enfermos del hospital de San Mateo, patronazgo del Cabildo. En ella estuvo el reloj hasta mediados del siglo XVII. La llamada puerta del Mercado, del siglo XII, románica, fue recubierta en el siglo XVI por un pórtico, reformado por el obispo don José Díaz de la Guerra en 1797, con diseño del arquitecto italiano Luis Berlasconi. Esta puerta se llamó antes de la Plaza o de la Cadena, pues ante ella se colocaba para las audiencias el tribunal del provisor, que al mismo tiempo solía hacer las funciones de alcalde de la ciudad, quedando separados por medio de una cadena el auditorio y el estrado judicial.

Esta Plaza Mayor de Sigüenza, llamada durante algunos años plaza de España, está reproducida en el Pueblo Español de Barcelona, construido con motivo de la Exposición de 1929.

Esta plaza y el resto del casco antiguo de Sigüenza fueron declarados Conjunto Histórico-Artístico por Decreto de 20 de mayo de 1969.

En las casas de los canónigos, en el lado este de la plaza, probablemente por embellecerlas, se construyeron entre 1512 y 1514 arcadas de piedra que sustituyeron a los antiguos pies derechos de los soportales.

Tembleque (Toledo)

El centro histórico de la villa de Tembleque conserva todavía el sabor de los nobles pueblos castellanos. Su primera historia se vincula a la conquista, pérdida y definitiva reconquista del castillo de Consuegra por Alfonso VIII en 1177. Figura como uno de los lugares de la jurisdicción de Consuegra en la cesión que de estos territorios hizo el mismo monarca a la orden de San Juan de Jerusalén el día 3 de agosto de 1183.

Será ya en 1241 cuando don Ruy Pérez, gran prior de la orden de San Juan, conceda a Tembleque carta de población, hasta la que llegaron doscientos cincuenta pobladores a los que se les dieron tierras, marcando el término jurisdiccional de la nueva población y recibiendo el Fuero de Consuegra. Aldea de Consuegra, la reina doña Juana I de Castilla le concedió el título de villa el día 10 de agosto de 1509.

El pueblo se desarrolló urbanísticamente alrededor de la plaza de la Orden, donde se localizan los más importantes edificios y casonas señoriales, de muros encalados y elegantes patios, comunicados con la Plaza Mayor por un pasadizo.

La Plaza Mayor de Tembleque, de curiosa y original arquitectura, inmersa en la tradición manchega, fue declarada Monumento Histórico-Artístico por Decreto de 22 de febrero de 1973. Son escasas las noticias históricas que poseemos sobre su construcción. Existen al parecer dos ejecutorias del siglo XV sobre expropiación de unas casas para la construcción de la plaza cuadrada. Por su aspecto, y teniendo en cuenta otras construcciones, parece corresponder a los años finales del siglo XVI o principios del XVII, y posiblemente, como sugiere su estructura, fue construida como plaza de toros.

De planta notablemente cuadrada, en sus lados norte, sur y oeste se desarrollan pórticos con sencillas columnas de granito, de orden toscano, y algunos pilares, que soportan las carreras de gruesas maderas sobre las que se levantan dos plantas de corredores abiertos, con pies derechos, zapatas y carreras o dinteles también de madera. En los antepechos —planchas de yeso— aparece la Cruz de la orden de San Juan de

Torreón en la entrada de la Plaza Mayor de Tembleque. Sobre columnas de granito de orden toscano, se levanta esta original construcción de madera que permite la entrada a la Plaza Mayor de Tembleque.

Lado norte de la Plaza Mayor. Construida esta plaza en los últimos años del siglo XVI o primeros del XVII, su curiosa arquitectura parece responder a su utilización como plaza de toros.

Los dos pisos de la Plaza Mayor de Tembleque, con corredores abiertos soportados por pies derechos de madera, apoyan sobre columnas de granito de orden toscano.

Jerusalén, o de Malta. En sus muros encalados se abren distintas ventanas. En la actualidad ninguna de las viviendas tiene acceso desde el corredor.

Mayor interés tiene el torreón dispuesto sobre la entrada en el lado sur, soportado también por columnas toscanas de granito, pero ligeramente más elevadas, con un plinto. Sobre ellas se encaraman los dos pisos de galerías; en el inferior se abre un pequeño palco volado —lo que viene a confirmar ese carácter de plaza para espectáculos—, con el antepecho ya mencionado en el resto de la plaza y aquí barandilla de hierro, que se vuelve a repetir en el segundo piso, pero sin el antepecho. Sobre los dos pisos destaca un tercero de menores dimensiones, que se cubre con tejado a cuatro vertientes y luce en su cumbre una veleta que muestra la Cruz de Malta. En el interior, escaleras de fábrica y madera permiten el acceso a las distintas plantas. Este torreón, con barandillas de torneados balaustres de madera sobre el antepecho ya descrito, se manifiesta hacia el exterior de la plaza.

El suelo de la plaza está empedrado con cantos rodados.

En el lado norte de la plaza, rompiendo el desarrollo de las galerías, se levanta el Ayuntamiento, construido en 1654 con piedra sillar en el basamento y esquinales y mampostería en el resto del edificio. De aspecto clasicista, destacan en el piso inferior la puerta y cuatro ventanas enrejadas y en el superior una gran balconada central con tres vanos de frontones rebajados, donde se alojan las armas de la villa.

Varias edificaciones de encalados muros y escaso interés artístico se localizan en el lado este.

Toledo

En la monumental ciudad de Toledo dos plazas, la del Ayuntamiento y la de Zocodover, muy distintas en su origen, su urbanismo y representatividad, van a acaparar nuestra atención.

Plaza de Zocodover

En la parte más alta de la ciudad, bajo los muros del Alcázar, se encuentra la plaza de Zocodover, de la que el escritor toledano Julio Porres Martín-Cleto dice que ha sido «mentidero de Castilla, mercado de ganados, crisol del lenguaje, concentración de tiendecillas varias y escenario repetido de festejos, de autos de fe y de pequeñas vanidades provinciales durante siglos».

La plaza de Zocodover surge ya en época altomedieval en lo que era un espacio vacío en el interior de la muralla árabe, sobre el puente de Alcántara. Fue lugar de comunicación entre la fortaleza y el burgo de Toledo y de encuentro entre sus habitantes, lo que favorecerá pronto la instalación de un mercado donde se van afincando artesanos y comerciantes para vender los productos de las huertas que rodean a la ciudad, y se establecerá poco a poco un mercado de ganado y caballería. Posiblemente de esta última orientación comercial derive su nombre, *Suk-al-dawab*, que podría traducirse como «mercado de las bestias». Este mercado fue convertido en feria franca por Enrique IV en 1468, a celebrar todos los martes del año.

Su forma triangular irregular actual, manteniendo el espacio inicial, parece ser el resultado, posiblemente forzado, de la existencia de la muralla árabe, que corre paralela a su lado mayor, y de lo que luego serán dos importantes calles: la que va al Alcázar, lugar de la «residencia gubernativa», y la que lleva hasta el otro núcleo importante de la población, la plaza del Ayuntamiento, donde se encuentran la catedral, el Palacio Arzobispal y el Ayuntamiento.

Todavía conserva esta plaza la armonía de sus edificios, de tres o cuatro alturas, con numerosos balcones que permitían a sus habitantes presenciar los espectáculos que en ella tenían lugar.

Farola y edificios decimonónicos en la toledana plaza de Zocodover.

El conjunto de las edificaciones que en la actualidad configuran esta plaza es el resultado de distintas épocas y reconstrucciones, pues diversas circunstancias hicieron necesarias diferentes obras, entre las que debemos citar, por su importancia, las que se llevaron a cabo tras el incendio sufrido por la plaza en 1585, que la dejó convertida prácticamente en un solar. Ordenada su reforma por Felipe II en 1596, parece lógico admitir la intervención en la misma del arquitecto áulico Juan de Herrera —quien fallecería en 1597—. Solo se llevó a cabo parte de lo proyectado; se mantuvo el arco de la Sangre y se construyó en la cuesta del Alcázar otra puerta, de características herrerianas y con dos arcos gemelos, que permaneció cerrando este lado de la plaza hasta las reformas de fines del siglo pasado y fue derruida porque dificultaba lo que ya se iba convirtiendo en un importante tráfico rodado. Durante la guerra civil de 1936 sufrió esta plaza tan importantes desperfectos que quedó prácticamente arruinada. Pocos años después se iniciaba su reconstrucción. Corrió a cargo de la Dirección General de Regiones Devastadas la edificación del nuevo edificio para Gobierno Civil. El arquitecto Fernández Vallespín, encargado de las obras, escribía en 1943 de ella: «Contemplando una vieja estampa de las desaparecidas casas de la plaza de Zocodover, he pensado por un momento en la encantadora desigualdad de sus huecos y en la hermosura del hierro forjado de sus balcones. He pensado en su ondulado alero, a quien dio forma no el hombre, sino las inclemencias del tiempo, azotándolo continuamente con el agua y el fuego del sol. Vieja estampa, humilde, popular y sentimental; ni antigua ni moderna por sus muchos parches y reformas; pero hecha a medida de la ciudad, con tradición y poesía.»

Hoy, la toledana plaza de Zocodover es más historia que realidad. Los distintos edificios que la configuran —muchos de ellos todavía con soportales— responden a muy diferentes momentos, y solo tienen en común su escaso interés artístico. Los antiguos comercios están ocupados en numerosos casos por cafés, restaurantes, bares y confiterías.

Si se accede a la plaza de Zocodover por la cuesta de las Armas, desde la puerta del Sol, emerge a nuestra izquierda el edificio del Gobierno Civil, levantado, sobre los solares de casas destruidas durante la última guerra civil, por el ya mencionado arquitecto Fernández Vallespín a partir de 1943, con estructura de hormigón armado forjada de ladrillo. En sus soportales con columnas y en todos los detalles de cantería y carpintería se tuvieron en cuenta restos de antiguas fábricas existentes en el mismo lugar o en otros edificios de la plaza. Presenta así hoy sus soportales y sus cuatro alturas de balconadas. El arco de la Sangre se reconstruyó siguiendo las trazas de lo destruido durante la guerra, y aparece cubierto con un nuevo arco de medio punto, sobre el que se desarrolla un vano serliano en el segundo piso —correspondiente a la capilla del Cristo de la Sangre— y sobre él, el reloj, coronándose todo ello con una curiosa estructura, a modo de templete, de hierro, que sostiene la campana. De la existencia de reloj en Zocodover tenemos ya constancia en 1710, cuando estaba al cuidado de Francisco del Río, a quien pagaba el Ayuntamiento por su cuidado. Otro edificio, de características similares a las descritas del Gobierno Civil, se encuentra en dirección hacia el Alcázar.

Torre del Alcázar, al final de la cuesta de las Armas, vista desde la plaza de Zocodover.

Distintos aspectos de la plaza de Zocodover, que muestra algunos bancos de azulejos con temas del Quijote.

Este arco de la Sangre de Cristo, llamado en época árabe Bab-al-Yayl, o arco de los Caballos, porque se accedía por él al mercado de estos animales, fue reformado tras los incendios de 1585. Sobre él se encuentra una capilla, vinculada con la tradición árabe de situar un oratorio sobre algunas de las puertas principales, de la que ya conocemos su existencia durante el reinado de Sancho IV el Bravo (1284-1295) y en la que sabemos que en 1593 se decía misa «... para que no queden sin oyrla los que estén ocupados en vender, los quales por el tiempo que la missa se dice, cessan de negociar». Sin embargo, en 1612 ya no se decía misa allí «por ciertas causas y respetos». Por debajo de él se llegaba hasta la posada de la Sangre, destruida en 1936 y en la que Cervantes escribió *La ilustre fregona.*

De los otros edificios debemos destacar una pequeña manzana, al norte de la plaza, de sencilla fachada, con sus balcones de hierro forjado, sin pretensiones ni ostentación, que no sufrió destrucción durante la última guerra, que es, al parecer, uno de los más antiguos testimonios arquitectónicos de la plaza.

En esta plaza de Zocodover estaban el Peso Real —posiblemente vinculado al edificio de la Real Aduana, en la cuesta del Alcázar—, que todavía existía a principios del siglo XIX, pues ante él fue colgado y quemado, en diciembre de 1808, un gaditano que llegó poco antes que los franceses y que fue tomado por espía, y la Audiencia, aunque no sabemos qué edificios ocupaba. También consta la existencia en esta plaza de un mesón «de los Perdidos», curioso establecimiento reglamentado en las Ordenanzas de la Ciudad al menos desde 1400, y en cuya puerta se exponían durante un día las bestias extraviadas por sus dueños. Existen también referencias del mesón de los Toros, que se encontraba en Zocodover en 1437.

Un elemento curioso que hubo en esta plaza era el *Clavicote*, instalado por la cofradía de la Santa Caridad, y del que se tienen las últimas noticias en 1814. Se trataba de una especie de jaula que cumplía un fin caritativo y funerario, pues se exponían en ella los cadáveres de los ahogados y de los fallecidos en el hospital sin dejar familiares, y se recogía en los cepillos allí instalados dinero para poder enterrarlos. Cuando se celebraban en la plaza festejos y otras solemnidades, se desmontaba y trasladaba delante del Hospital de Santa Cruz o al llamado «pradillo de la Caridad», propiedad de la cofradía.

Lugar de mercado cada martes —celebrado hasta hace pocos años, cuando se trasladó a un espacio más apropiado, al pie del convento de la Concepción Francisca—, era también donde se adquirían diariamente los alimentos y se cubrían otras necesidades de los habitantes de Toledo, pues debemos tener en cuenta que bajo sus soportales se encontraban tiendas de todo tipo de artesanos y comerciantes y también mesones y tabernas.

La plaza de Zocodover, a lo largo de su historia, ha sido escenario de numerosos acontecimientos de todo tipo, tanto religiosos como profanos; fue recibido aquí, en 1139, el rey don Alfonso VII por el arzobispo don Raimundo, sus clérigos y monjes, tras la conquista de Oreja; también en esta plaza se proclamó a Fernando VII como rey, el día 24 de agosto de 1808, y cuatro años más tarde se asistía en este mismo lugar, el día 24 de octubre de 1812, a la proclamación de la Constitución de Cádiz.

La procesión del Corpus Christi a su paso por la plaza.

Lugar de celebración de los espectáculos taurinos, constan en las distintas Ordenanzas Municipales de Toledo las normativas para la construcción de los tablados y de alquiler de los balcones para presenciar estos festejos, de los que tenemos noticias desde el año 1527, cuando se menciona que eran presenciados por el corregidor y otras autoridades e invitados desde unos balcones que se encontraban en la casa contigua al arco de la Sangre, en dirección hacia el Alcázar. Desde este mismo lugar asistió el rey Carlos II a las fiestas taurinas celebradas en su honor en 1697 y 1698. También tenemos noticia de la representación, en este mismo espacio y hasta fines del siglo XVI, de autos sacramentales, que posteriormente encontrarían su acomodo en la plaza del Ayuntamiento, delante de la catedral y del Palacio Arzobispal. La plaza de Zocodover también acogió la celebración de autos de fe y ajusticiamientos, para lo que se levantaron dos cadalsos, uno para las autoridades y otro para los reos y penitentes. En esta plaza se encontraba la picota, y se conoce el dato de la ejecución de cuatro malhechores a la vez en 1561, y que sus cadáveres luego quedaron colgados en ella. La última ejecución pública realizada en esta plaza fue la del capellán de coro don Atanasio García Juzdado, a quien se le dio garrote vil el día 25 de noviembre de 1822 por haber formado una partida absolutista contra el gobierno liberal.

Plaza del Ayuntamiento

La plaza del Ayuntamiento, llamada con anterioridad plaza del Generalísimo, de planta irregular, cuadrangular, responde a la concepción de plaza institucional, y la forman, en sus distintos lados, los ya citados edificios del Ayuntamiento, el Palacio Arzobispal y la catedral.

Desde época de los Reyes Católicos contó Toledo con un importante edificio consistorial levantado por el regidor Gómez Manrique y del que subsisten algunos restos mudéjares. Será ya en el último tercio del siglo XVI cuando se levante la actual edificación, al ser insuficientes las antiguas dependencias. Los ediles encargaron las trazas para el nuevo edificio a Hernán González y Nicolás de Vergara y el 12 de mayo de 1574 estaban iniciadas ya las obras de cimientos. Sin embargo, y debido a una provisión real, debió ser consultado el proyecto con Juan de Herrera, quien ante el informe negativo,

El Ayuntamiento presta su fachada y su nombre a esta plaza, formada por tres edificios singulares: la catedral, el Palacio Arzobispal y el propio Ayuntamiento.

recibió el encargo de unas nuevas trazas que presentó dos meses más tarde. Proyectó Herrera un edificio de tres plantas, con dos crujías cada una y dos torres en los ángulos, que fue modificado posteriormente por Jorge Manuel Theotocopuli, el hijo del Greco, quien se hizo cargo de las obras en 1618. Sobre un elevado basamento con arcos de medio punto, en el primer piso, con nueve arcos de medio punto entre columnas dóricas, se desarrolla una galería que se cierra con balaustrada. En la planta superior, balcones adintelados entre columnas.

El Palacio Arzobispal se levanta en el lugar en el que se encontraba el primitivo palacio que fue donado por Alfonso VIII al arzobispo Rodrigo Ximénez de Rada. En 1541 se llevó a cabo una importante reforma a cargo de Alonso de Covarrubias. El cardenal Lorenzana encargó una nueva obra que quedó inconclusa al trasladarse el cardenal a Roma. La fachada es de gran sobriedad, con muros de mampostería entre hiladas de ladrillo, al que se abren diferentes vanos con rejas en la planta inferior y balcones en la superior. Destaca su portada, construida por el cardenal Sandoval, aprovechando, tal como consta en una inscripción, una puerta labrada para una iglesia en tiempos del cardenal Tavera. En el cuerpo inferior se abre un arco de medio punto, con sillares de piedra almohadillados entre pares de columnas estriadas con capitel jónico. En el segundo cuerpo existe un amplio balcón. La portada se corona con un frontón que aloja las armas del cardenal infante don Fernando, hermano del rey Felipe IV y sucesor en la silla de Toledo del cardenal Sandoval. A ambos lados del balcón aparecen dos enormes escudos, soportados con ángeles, con las armas del cardenal Tavera.

Entre el Palacio Arzobispal y la catedral, cierra la plaza el llamado arco del Arzobispo, construido a fines del siglo XV por el cardenal Mendoza y reconstruido, tras un incendio acaecido en 1610, por mandado del cardenal Sandoval y Rojas con proyecto de Juan Bautista Monegro.

La catedral ocupa el lado frontero al Ayuntamiento, produciendo, respecto del resto de los edificios que integran esta encantadora plaza, un notable desequilibrio de volúmenes por lo impresionante de su fábrica. Sin lugar a dudas se trata de uno de los edificios más importantes del rico patrimonio artístico español. Iniciadas sus obras en 1224, su primera piedra fue colocada en 1226 con asistencia del rey Fernando III el Santo y se prolongaron hasta 1493, cuando se cerraron las bóvedas. La fachada que nos ocupa —la única parte del edificio que describiremos— fue comenzada a construir en 1418 por el maestro Álvar Martínez, siguiendo la traza del siglo XIII pero imprimiéndole ya la estética de su siglo. En el cuerpo central aparecen tres portadas: la del Juicio Final a la derecha, la del Perdón en el centro, y la del Infierno a la izquierda. En el siglo XVIII sufrió una importante reforma, así como diversas actuaciones constructivas hacia 1787, a cargo del arquitecto Eugenio Durango, destinadas a su consolidación y auspiciadas por el cardenal Lorenzana, en las que trabajó el escultor Mariano Salvatierra. La torre se construyó a lo largo de la primera mitad del siglo XV, y en ella destaca el último cuerpo, concluido hacia 1442 por el maestro flamenco Hanequin de Bruselas. Al otro lado, guardando simetría con la torre, encontramos el exterior de la capilla mozárabe, con un primer cuerpo de sólida sillería y sobre él dos cuerpos octogonales levantados por Egas, a principios del siglo XVI, y Jorge Manuel Theotocopuli, en 1631.

Detalle de la fachada del Palacio Arzobispal.

Ávila

El estudio pormenorizado de la Plaza Mayor o Mercado Chico de Ávila fue realizado por el arquitecto e investigador Luis Cervera Vera, en una exhaustiva monografía.

Su origen se sitúa en el momento de la repoblación de Ávila en el siglo XI, cuando Ramón de Borgoña, yerno de Alfonso VI, estableció por disposición real un mercado semanal intramuros de la población, que sería conocido como Mercado Chico —diferenciándose así del mercado grande que se celebraba extramuros—, que pronto alcanzó notable actividad y originó en torno al espacio del mercado una sencilla plaza en la que se corrieron toros a finales del siglo XV.

A mediados del siglo XVI el Concejo abulense se decidió a regularizar el espacio del Mercado Chico con la intención de convertirlo en Plaza Mayor, y construyó un edificio para Ayuntamiento, adecuando del mejor modo posible los soportales que lo delimitaban.

Será ya a principios del último tercio del siglo XVIII cuando el Concejo disponga construir una nueva plaza, para lo que encarga un primer proyecto a Manuel Riaz Gamónez, que fue desechado pensando sustituirlo por el que entre 1770 y 1773 ejecutó Ventura Rodríguez por encargo del Consejo de Castilla.

Algunos años más tarde, y ante el estado de abandono de la plaza, una Cédula Real de 14 de mayo de 1789 obligaba al Concejo abulense «nombrase Maestro Arquitecto aprobado por la Real Academia de San Fernando, para que formase Plan de las obras de la Plaza Mayor y las abanzase y arreglase».

En 1792 se encontraban en ruinas las fachadas de las casas correspondientes al lado de poniente, por lo que parecía necesario emprender las obras correspondientes de reforma o de construcción. Para ello, en la sesión celebrada por el Ayuntamiento el día 18 de noviembre de 1793 se nombraba arquitecto municipal a Juan Antonio Cuerbo, y se le encargaba el proyecto de la nueva Plaza Mayor, para el que se aprovecharon los diseños anteriores, aunque se reducían las proporciones de su planta. A partir de aquí,

Detalle del pórtico del Ayuntamiento, edificio que preside la Plaza Mayor o Mercado Chico de Ávila.

El lado norte de esta Plaza Mayor de Ávila queda cerrado por el edificio del Ayuntamiento, levantado con proyecto del arquitecto Ildefonso Vázquez de Zúñiga entre 1862 y 1872.

el nuevo arquitecto municipal diseñó un primer proyecto que respondía a unos planteamientos neoclásicos, con las arquerías de medio punto y dos plantas de viviendas, con balconaje corrido en la primera planta y balcones en los huecos de la segunda.

Iniciadas a cargo del contratista Matías Gutiérrez unas obras de urgencia para evitar el desplome de las casas que se encontraban en ruina, el Concejo, por problemas de economía, solicitó a Cuerbo que simplificara el proyecto, eliminando algunos de los elementos decorativos, como los recuadros de los huecos y el cercado de los balcones, que era presentado al Ayuntamiento el día 23 de abril de 1794. En la misma sesión se acordó que «la obra de toda la plaza se haga uniformemente sin distinción alguna». Se siguió el proyecto aprobado, ubicando en el lado norte el edificio del Ayuntamiento, mientras que en el sur la crujía debía levantarse justo delante de la iglesia de San Juan Bautista, por lo que la anchura de sus dos plantas correspondería a la de la galería, y así se podrían dedicar a tribunas durante los espectáculos públicos. La ejecución de las obras fue subastada el 12 de abril de 1794, adjudicándosele al mismo Matías Gutiérrez, que ya se encargaba de la construcción de los edificios de propiedad particular, cuyos gastos —no sin problemas— corrían a cargo de sus propietarios, entre los que se encontraban el Cabildo Catedralicio y la condesa de Salvatierra.

Numerosas vicisitudes hicieron que se paralizaran las obras en 1798, y no se continuaron hasta 1831 bajo la dirección del arquitecto Juan José Sánchez Pescador, aunque poco debió de ser lo ejecutado. Por los mismos años se comenzaba a edificar la fachada de la Casa Consistorial, aunque con limitados medios.

En 1848 se nombró arquitecto de la ciudad a Andrés Hernández Callejo, quien realizó dos planos que eran aprobados el 3 de agosto de 1849. Se construyeron entonces, a costa del Concejo, los arcos de piedra del lado este, sobre los que los distintos propietarios levantarían sus casas, y las arquerías del lado sur.

Todavía la Plaza Mayor de Ávila acoge la actividad mercantil que hizo que se la conociera como Mercado Chico.

Tras diversos intentos para levantar un nuevo Ayuntamiento, con sucesivos fracasos, debidos principalmente a los problemas económicos por los que el municipio atravesaba, a causa de las importantes inversiones destinadas a la conclusión y cerramiento definitivo de esta plaza, por fin, en 1860, el Concejo aprobaba la erección de la nueva Casa Consistorial. Esta vez se encargó el proyecto al arquitecto Ildefonso Vázquez de Zúñiga, quien en breve plazo presentó los diseños. En el espacio de diez años, en 1872, el inmueble quedaba terminado, cerrando así el lado norte de la plaza con un interesante edificio, de inspiración claramente isabelina. Su fachada se construyó con granito, y sobre pilares de sillares, en el piso bajo, un pórtico de cinco arcos de medio punto. Por lo que corresponde a la planta noble, en la parte central hay tres huecos adintelados, coronados por frontones curvos que dan acceso a una balconada con balaustrada de piedra. A ambos lados se abren dos balcones rematados con ventanas rectangulares. Sobre la cornisa destacan dos torres de planta cuadrada con huecos en arco carpanel, con antepechos de coronación, y en el centro del conjunto se yergue el pequeño ático del reloj con la torrecilla metálica de las campanas.

En los primeros años de la década de 1900 se propuso una vez más el Ayuntamiento la conclusión de la plaza, para lo que se adquirieron en 1911 los arcos construidos en el lado sur y sus correspondientes terrenos, iniciándose entonces un largo rosario de proyectos e ideas que no llegarían a cristalizar, dejando la plaza inconclusa.

Esta plaza del Mercado Chico de Ávila, también llamada oficialmente Mayor y de la Constitución, muestra en sus tres lados construidos los soportales con arcos de granito —sustituye este material al ladrillo que figuraba en el proyecto de Cuerbo— y sobre ellos se dispone un balcón corrido con barandilla de hierro, cuyos vanos rectangulares, al igual que los de la planta superior, están enmarcados con granito.

León

Detalle de los volados balcones del Mirador del Concejo.

Un pavoroso incendio, que tuvo lugar a principios del año 1654, destruyó la antigua Plaza Mayor de León, todavía de configuración medieval, que había tenido su origen en una explanada o arrabal junto a la iglesia de San Martín. Dicha plaza, posiblemente de reducidas dimensiones y con planta irregular, presentaría, al modo castellano, casas con soportales en sus plantas bajas sobre pies derechos de madera. En ella tenían lugar los mercados de los miércoles, según el Fuero de León, concedido por Alfonso V al principio del siglo XI, y de los sábados, privilegio que añadió Enrique IV.

El Concejo de León se planteó la construcción de un nuevo espacio público de marcado carácter representativo como plaza de la ciudad, que sirviera de marco para actos cívicos y religiosos, cumpliendo al mismo tiempo sus funciones comerciales en los mercados semanales. Para ello se dispuso a transformar el espacio de la antigua plaza: adquirió en el mismo año del incendio distintas casas y solares que eran propiedad de particulares y cofradías, y comenzó a construir en estas mismas fechas la casa de la Panadería, con diseño de Juan del Rivero Rada.

Iniciadas por el Consistorio leonés las obras de la nueva plaza, y a sus propias expensas, un año más tarde del siniestro, al ser insuficientes sus recursos, se solicitó ayuda a Felipe IV, quien por Real Cédula de 8 de julio de 1657, firmada en Madrid, cedió al Concejo, para la construcción de la «plaça principal de San Martín», un arbitrio de cuarenta maravedíes sobre cada cántara de vino que fuera vendida en la ciudad y sus arrabales.

Tras un primer proyecto, se ejecutaría un nuevo plan para la plaza en el año 1658 por el jesuita Antonio Ambrosio, que materializó en una maqueta de madera el escultor Tomás de Seguilla. Las obras fueron dirigidas de 1659 a 1672, con buen ritmo, por Juan de Vega y Juan de Recavado, maestros de la Transmiera. Los problemas económicos volvían a ser acuciantes, y en 1668 el Consistorio instó a los particulares y a los eclesiásticos responsables de la iglesia de San Martín «que fabricasen conforme a la traza de la Ciudad», estimulándolos con apoyos económicos.

En las casas que forman la Plaza Mayor de León, y para acoger a más espectadores, se dispusieron amplios balcones volados de hierro forjado.

Soportales de la Plaza Mayor leonesa que albergan a los vendedores del mercado durante las crudas épocas invernales.

Cuando ya las obras iban avanzadas, decidió el Concejo en 1673 ampliar el espacio de la plaza, al considerar insuficiente el planteado, y encargó a Francisco del Piñal un nuevo proyecto, la plaza que hoy conocemos. El maestro Simón de Vayas tuvo a su cuidado las nuevas obras hasta 1677, cuando fue relevado por Pedro de Hoyo. Se comenzaron por el derribo de la casa de Panadería, que fue sustituida por el llamado Mirador del Concejo, pero aún no se contemplaba en el proyecto de la plaza ningún edificio para Ayuntamiento, pues ya se contaba con las Casas Consistoriales levantadas en 1585 por Juan de Badajoz el Mozo, sobre diseños de Juan de Rivero Rada, en la plaza de San Marcelo.

De planta trapezoidal y armónico aspecto, los edificios que configuran esta Plaza Mayor leonesa —utilizada todavía para su función de mercado— son de propiedad particular y presentan tres plantas. La primera, soportalada, con arquería de medio punto sobre pilares, todo ello de piedra, y las superiores de ladrillo enfoscado; la planta noble muestra un balcón corrido de hierro —para aumentar así la capacidad de la plaza durante los distintos festejos— y la superior, con balcones en cada uno de sus huecos, se cubre con tejados de notable pendiente, de teja árabe.

En esta plaza, de la que Ponz señala que «es cuadrada y con uniformidad en el caserío», destacan dos edificios municipales. El primero de ellos es el Consistorio Viejo o Mirador del Concejo, levantado tras el ábside de la iglesia. Fue construido durante el mandato del corregidor don Juan Fagogaga al mismo tiempo que el resto de las obras de la plaza. Edificado en piedra y de escasa profundidad, presenta un cuerpo central de tres plantas y dos torres angulares. La planta baja tiene portada con arco de medio punto entre columnas cuyo cornisamento supera la primera planta y una hilera de ventanas —tres a cada lado—; la primera planta muestra volados balcones corridos sobre jabalcones con huecos adintelados; la planta noble tiene balcón principal en un orden de finas pilastras con frontón recto, todo ello finamente esculturado, y volado balcón corrido que se desarrolla dando vuelta a las esquinas del edificio. La parte central se remata por una especie de ático con reloj que se construyó en el siglo XIX, para lo que fue necesario destruir un gran escudo y otros elementos decorativos. A ambos lados, balaustradas de piedra con esculturas. Las torres angulares, a manera de pabellones de planta cuadrada, repiten el esquema de huecos del cuerpo central, muestran en el último piso, que supera la altura del edificio, balcones con escudos, rematados por balaustradas con esculturas en los ángulos. Dichas torres están cubiertas actualmente, y desde no hace muchos años, con unos nuevos y agudos chapiteles de pizarra con veletas y cruces de hierro, que sustituyeron a los anteriores, desmontados por ruinosos.

El otro edificio municipal centra el lado este y está destinado a dependencias municipales. Se trata de una edificación de este siglo, construida tras un incendio que destruyó la casa allí existente. En estrecha relación con las casas que le rodean, debemos destacar de él la balaustrada que remata su fachada y su torreón con chapitel piramidal de pizarra, del arquitecto Prudencio Barrenechea.

Esta plaza recupera semanalmente su función mercantil, recordando los privilegios de mercado concedidos para el miércoles por el Fuero de León, a principios del siglo XI, y para los sábados, por privilegio de Enrique IV.

Esta plaza forma parte del Conjunto Monumental de la ciudad de León, declarado Histórico-Artístico por Decreto de 5 de septiembre de 1962.

MAR

Medinaceli
Ciudad del Cielo Medina
diamantina
inviolable a las mesnadas
y a los angeles abierta
Ciudad dormida despierta
y abre tus alas plegadas
que tienes ancha la puerta
Gerardo Diego
GALERIA de ARTE

Medinaceli (Soria)

En la trama urbana de la villa ducal de Medinaceli destaca el conjunto de su Plaza Mayor, típica plaza castellana de planta cuadrangular construida entre los siglos XVI y XVII.

La plaza está presidida por el edificio del palacio de los duques, que se levanta en el lado noroeste. Erigido en el siglo XVI, con dos plantas y una torre de planta cuadrada en cada uno de sus extremos, su fachada fue diseñada en 1623 por Juan Gómez de Mora. Desaparecidas estas torres a principios de siglo, y en muy mal estado de conservación desde la pasada guerra civil, aún muestra su herida fachada con una teoría de ventanas enrejadas en la planta baja que tienen su réplica en los balcones con frontón curvo de la planta superior. Un escudo con las armas ducales destaca sobre el balcón central.

Otro de los edificios con notable interés es el del antiguo Ayuntamiento, construido en 1653 sobre uno anterior, para lo que se contó con la ayuda del duque de Medinaceli, que corrió con los gastos correspondientes a ocho partes del importe de la fachada. Para ello, el Ayuntamiento envió al duque, que se encontraba en El Puerto de Santa María, dos proyectos para su aprobación el día 7 de agosto de 1652, a lo que el duque contestó: «Helas visto, cualquiera de las dos me parece buena. Póngase mis armas en la fachada. Dios os guarde. Puerto de Santa María, 25 de agosto de 1652.»

La casa, de dos cuerpos, presenta en su parte inferior soportales con cuatro arcos de medio punto sobre pilares, y muestra en la parte superior una galería con arcos rebajados sobre columnas y antepechos de forja. En la planta baja ofrece en el muro dos arcos de medio punto sobre columnas adosadas y el acceso en arco de las mismas características. En la enjuta central del piso superior aparecen las armas del duque de Medinaceli y en las de los arcos inferiores aparecen tres lápidas: en la primera de ellas se reproduce un texto a Medinaceli de Gerardo Diego; en la segunda, una cerámica con el nombre de «Plaza Mayor», y en la tercera se lee «A Rodrigo Díaz de Vivar El Cid Campeador que inmortalizó esta histórica Villa de Medinaceli.»

Placa con un poema de Gerardo Diego dedicado a Medinaceli, en la fachada del antiguo Ayuntamiento.

Uno de los edificios más singulares de la Plaza Mayor de Medinaceli es el del antiguo Ayuntamiento, construido en 1653 sobre otro edificio anterior. Sobre él emerge la torre de la colegiata.

Soportales de la Plaza Mayor y fachada del palacio de los duques de Medinaceli. La fachada de este sobrio edificio fue diseñada por Juan Gómez de Mora en 1623.

El resto de las casas que configuran la plaza presentan en la mayor parte de los casos tres alturas. Algunas tienen soportales en la planta baja —lugar donde se ubican los puestos del mercado— sostenidos por pilares de piedra cuadrangulares y poligonales, y abren en sus muros vanos con balconadas, de los que destaca el gran balcón corrido que ocupa toda la fachada de una casa próxima al antiguo Ayuntamiento, que, al igual que otros edificios, muestra una piedra armera. Una de ellas luce una lápida de bronce en recuerdo del doctor Francisco Grande Covián (1909-1995), que fue uno de sus ilustres vecinos.

En los últimos tiempos se han llevado a cabo importantes labores de restauración de la mayor parte de los edificios que la integran y se han construido en uno de sus lados una fuente y pequeños jardines.

En esta plaza tiene lugar la celebración del llamado «toro jubilo», fiesta de origen ancestral ahora vinculada a las fiestas patronales de los Santos Cuerpos de Medinaceli, que tiene lugar cada año en la noche del 13 de noviembre. El cuerpo del toro se protege con arcilla —para evitar que sufra daños— y se le colocan unas astas suplementarias de hierro que sujetan en sus puntas dos bolas de estopa impregnadas de alquitrán; prendidas estas, hacen correr al toro tras los jóvenes, que se protegen con las cinco hogueras dispuestas en la plaza. El toro es devuelto al corral una vez acabado el festejo, sin ningún tipo de daño. Con este festejo se agasajó a los reyes Felipe II y su esposa cuando en 1559 estuvieron en la villa.

Pedraza (Segovia)

El espacio urbano que configura la Plaza Mayor de la villa segoviana de Pedraza —que se remonta al siglo XII— es uno de los ejemplos más genuinos y prototípicos de las plazas mayores soportaladas castellanas.

De planta poligonal irregular, con siete lados muy desiguales —sus formas no responden a ningún programa previo—, presenta una serie de edificios de notable interés: la iglesia parroquial de San Juan, el Ayuntamiento y distintas casas provistas de soportales o enrasadas sus fachadas con la plaza.

Ocupa la zona sur de la plaza la fachada lateral del lado del Evangelio de la iglesia de San Juan. De sencillas formas, construida con mampostería, esta fachada ofrece un acceso adintelado, regulado por un orden dórico, y frontón partido. Una soberbia y bien trazada torre románica, de planta cuadrangular y con dos pisos de arquerías en su parte superior, emerge del cuerpo del templo.

Bajo la torre, y aprovechando el espacio libre formado por el retranqueo de esta, de los muros del templo y de la casa contigua, hay una curiosa edificación de dos plantas, conocida como el «balcón verde», lugar preferente para presenciar los espectáculos de la plaza. En el dintel de su pequeña puerta figura la Cruz de la orden de Santiago y la siguiente inscripción: «Este SYTIO Y BALCON ES DE D. IVAN PEREZ DE LA/ TORRE Y ZUÑIGA DEsta ORDEN CABALLERO.» Junto a esta singular construcción, y haciendo ángulo con el edificio del Ayuntamiento, se halla una casa de dos alturas con volado balcón.

El lado norte está formado por una hilera de casas soportaladas, de dos alturas, de sobria elegancia y nobleza, con forjados de madera. En su planta inferior apoyan en carreras de madera sobre zapatas de piedra y columnas toscanas, de diferentes medidas y proporciones —algunas de ellas sobre pedestales—, mientras que en las galerías del piso superior las vigas de madera apoyan directamente sobre columnas de piedra de fuste estriado. También en este lado están la casa de los Miranda, con acceso adintela-

Bajo los soportales de la Plaza Mayor encuentran acomodo y descanso los ancianos que habitan la villa segoviana y los turistas que llegan hasta ella para admirar esta típica Plaza Mayor castellana.

El reloj, sobre el tejado del Ayuntamiento, marca la vida de esta población segoviana.

do de sillares almohadillados, blasón y ventanas con rejas, y la de Contreras, con puerta en arco de medio punto de bien labrados sillares.

El lado este presenta soportales en la mayor parte de su extensión, con la excepción de la casa de la esquina nordeste, la de Lozoya, con fachada de mampostería en la que figuran las armas de Ladrón de Guevara y de Herrera. La casa tiene una puerta adintelada sobre la que se abre un balcón con espacioso balconaje volado y rematado por un escudo, y muestra a la derecha otro balcón de proporciones y dibujo similares, también con escudo. En la parte superior asoman dos guardapolvos y tres gárgolas. Completan este lado varias casas soportaladas con columnas de piedra y balcones volados en la planta superior y el edificio del Ayuntamiento.

El edificio consistorial, de dos plantas, fue construido en 1627, tal y como consta en la inscripción que aparece en su fachada: «HIÇOSE A COSTA DE VILLA Y TIERRA/AÑO 1627.» En su planta baja se abren unos soportales de tres arcos de piedra rebajados —uno de ellos permite el paso a la calle posterior— que apoyan sobre pilares, y en la planta superior una galería de arcos del mismo tipo, sobre idénticos apoyos, con antepechos de forja. Sobre el tejado se levanta la torrecilla para el reloj y un castillejo de hierro del que pende la campana. Este edificio es un lugar privilegiado para asistir a las tradicionales corridas de toros.

El lado oeste tiene las casas enrasadas de mampostería, con puertas y ventanas enmarcadas en piedra, y rejas y balcones.

Cumple todavía, esta plaza de Pedraza, su función mercantil, pues es el lugar donde se celebra los martes el mercado. Para las fiestas de la Virgen del Carrascal, la plaza se convierte en coso taurino, para lo que se instalan talanqueras, graderíos y palcos de madera.

Desde los soportales que ocupan uno de los lados de la Plaza Mayor de Pedraza, puede verse esta interesante panorámica.

Vista de la Plaza Mayor. Junto a los edificios de arquitectura popular, se levanta el pequeño Ayuntamiento construido en 1627.

Riaza (Segovia)

Esta villa segoviana, asentada en un llano a los pies de las montañas de Somosierra y rodeada de bosques, fundada hace casi mil años, al inicio de la reconquista castellana, fue señorío eclesiástico, de realengo y de marquesado, cedido en 1430 por el rey don Juan II a su valido don Álvaro de Luna. Hoy es una importante localidad de turismo veraniego, debido a la frescura de su clima serrano y a la caza y la pesca en su entorno.

En el conjunto monumental de Riaza, en el que debemos destacar la parroquia de Nuestra Señora del Manto y el palacio de Juan de Contreras, del siglo XVI, con capilla barroca, sobresale la pintoresca Plaza Mayor, que se articula en la encrucijada de cinco calles, configurada como un polígono irregular de nueve lados con una extensión de tres mil ochocientos metros cuadrados aproximadamente. En uno de ellos se sitúa, estrangulándola, el exento edificio del Ayuntamiento, erigido en los últimos años del siglo XVIII. Con planta cuadrangular y tres alturas, su fachada presenta en su planta baja una sencilla puerta adintelada y dos ventanas con rejas a ambos lados. La planta noble muestra tres huecos adintelados con elegante cornisa y barandal de forja el principal, que luce a su derecha el escudo en piedra de la ciudad, con dos truchas y unas ondas. Tres huecos de idénticas características, aunque no volados y con sencilla barandilla de hierro, vuelven a aparecer en la última altura. Sobre el tejado se yergue la prismática torrecilla que soporta el reloj, y encima de ella, una curiosa estructura de hierro sostiene la campana. Al llevarse a cabo su construcción, y como bien apunta Cervera Vera, «con su emplazamiento y las tres plantas enrasadas de él, desvirtuaron la estructura primitiva y alteraron, a la vez, el volumen del espacio constituido por las casas soportaladas con una sola planta superior».

Todo el perímetro de esta plaza está circundado por edificios para viviendas que originariamente tuvieron solo una planta —se conservan todavía algunas que responden a este modelo—, aunque posteriormente se fueron sustituyendo por nuevas cons-

Torrecilla del reloj y campana que remata la fachada del Ayuntamiento.

Piedras armeras, escudos y magníficos balcones de forja enriquecen esta curiosa Plaza Mayor.

Vista de la fachada de la Casa Consistorial de Riaza, de finales del siglo XVIII.

trucciones que elevaron dos alturas y buhardillas en algunos casos. Todas ellas —las antiguas y las modernas— mantienen todavía sus soportales con pórticos a base de carreras de madera que descansan sobre pilares y columnas de piedra bajo los que se abren diversas tiendas, en las que se mantiene el comercio tradicional. En algunas partes subsisten los originarios soportes de madera. Las cubiertas son de vigas y tablazón, y en algunas casas, de alegres fachadas con revoco de color en las que se abren numerosos vanos con balcones volados, se rematan con amplios aleros volados.

Este espacio es escenario cada lunes del tradicional mercado, manteniendo a Riaza como un destacado centro comercial para los municipios serranos.

Los balcones de la Casa Consistorial son lugar privilegiado para presenciar los festejos taurinos y demás celebraciones que tienen lugar en esta Plaza Mayor de Riaza. Su parte central se adecua urbanísticamente para ello, con un coso ovalado con suelo de tierra, perfectamente limitado por sillares, que destaca del resto del pavimento de la plaza, empedrado con cantos rodados, salvando el pequeño desnivel que presenta con algunos escalones, antepecho de piedra y barandilla de hierro forjado.

Todo el perímetro de la plaza está circundado por edificios de viviendas que, originariamente, tuvieron solo una planta.

Salamanca

La Plaza Mayor de Salamanca debe considerarse, por sus dimensiones, arquitectura y belleza, como una de las más importantes de España. Camón Aznar la definió como «... maravilloso modelo de plaza monumental porticada, con unidad de estilo y grandeza de concepción», y Miguel de Unamuno la consideraba hermana mayor de la plaza de Madrid. Fue declarada Monumento Histórico-Artístico por Decreto de 21 de diciembre de 1974.

La construcción de este monumental espacio —pretensión de los munícipes salmantinos desde el reinado de Felipe II— se debe al empeño del entonces corregidor de la ciudad, el mariscal de campo don Rodrigo Caballero y Llanes, que decidió transformar la antigua plaza de San Martín del mercado en el centro álgido de la población, al que confluían sus principales calles y que ponía en comunicación el centro con la periferia. Serviría no solo para fines comerciales por las tiendas que se quería abrir en sus soportales —lo que aún perdura—, sino también habría de convertirse en el escenario de los principales sucesos y celebraciones de la población. Todo ello significaría el florecimiento de Salamanca en esa etapa.

La iniciativa del corregidor Caballero fue aceptada por el Consistorio de la ciudad en la sesión celebrada el día 9 de julio de 1728, y figura en el Libro de Actas correspondiente a esta fecha que la construcción de la plaza tenía por objeto satisfacer las necesidad de «portales o pórticos cubiertos a cuyo abrigo se puedan poner los que venden el pan, pescado, pesca, la cabritería, la recoba, las frutas y otros géneros, que con grandísimos perjuicios e incomodidades y gran embarazo para el tránsito de las gentes, carros y caballerías, se venden hoy, ocupadas las plazas y calles, y dificultan el preciso paso común».

Para llevar a cabo el ambicioso proyecto se nombró una comisión, integrada por don Juan de Barrientos y Solís, don Francisco Honorato y San Miguel, don José de Castilla, conde de Francos, don Juan Gutiérrez y don Francisco de Soria, junto con el procurador

La parte central de la fachada del Ayuntamiento de Salamanca está coronada por una espadaña para el reloj y las campanas del Concejo, que fueron construidas en 1852.

general don Domingo Antonio de Guzmán. Solicitaron el correspondiente permiso del Consejo de Castilla y encargaron el proyecto al arquitecto Alberto Churriguera (1676-1750), perteneciente a una larga familia de artífices y hermano menor de José Benito y de Joaquín, que lo presentó, junto con las condiciones de la obra, el día 13 de agosto de 1728. Las obras se iniciaban, previa autorización del rey Felipe V dada el 12 de enero de 1729, con la colocación de la primera piedra el día 10 de marzo del mismo año.

A fin de reunir fondos para su financiación, el infatigable corregidor Rodrigo Caballero buscó fondos públicos, a lo que hubo que añadir diversos préstamos a bajo interés que facilitó, el entusiasta personaje, de sus propias rentas. Las obras, que habrían de demorarse por espacio de veinte años, comenzaron por la línea de la plaza que se denominó Pabellón Real, y se concluyeron en 1733; apenas cinco años. A continuación se levantaba el pabellón de San Martín, en recuerdo del nombre de la antigua plaza, cuyas obras se iniciaron en 1732 y se finalizaban en algo menos de dos años.

El día 27 de agosto de 1733 el Ayuntamiento salmantino estudiaba la edificación de una nueva Casa Consistorial en la Plaza Mayor, que en aquellos momentos se encontraba a medio construir. Como bien ha confirmado Rodríguez de Ceballos en sus estudios, «... el Ayuntamiento se las prometía muy felices y ya tenía apalabradas a algunas de las entidades propietarias de casas en la acera de Petrineros —Cabildo, clerecía de San Marcos, Universidad y clérigos regulares de San Carlos— que habían prestado su consentimiento por la parte que a ellas correspondía, cuando el Consejo de Castilla comenzó a dar largas y poner trabas al asunto». Exigía, para dar la pretendida licencia,

Este singular conjunto fue definido por el historiador José Camón Aznar como «maravilloso modelo de plaza monumental porticada, con unidad de estilo y grandeza de concepción».

el consentimiento de todos los propietarios, entre los que se encontraba el conde de Grajal, que, negándose a darlo, condujo al Concejo a un pleito que demoró durante años el inicio de las obras del nuevo Consistorio. En 1741 Manuel de Larra Churriguera presentaba un proyecto para el alzado de la nueva Casa Consistorial y, cuando en 1742 parecían haberse resuelto todos los problemas, se comenzó la cimentación del edificio y se colocaban los machones para los pórticos de la planta baja. Detenidas nuevamente las obras por las quejas de algunos particulares, en 1743 el arquitecto Andrés García de Quiñones, maestro del Colegio Real de la Compañía de Jesús, ofrece al municipio un proyecto realizable con «solo tomar las casas de don Juan Basanta, sin necesidad de perjudicar a nadie más, se podían erigir, a satisfacción de todos, las Casas Consistoriales.»

Elegido el arquitecto Juan García Berruguilla para arbitrar entre los dos proyectos, de Larra Churriguera y de García de Quiñones, para la nueva Casa Consistorial, se inclinó por la de este último. Así, y bajo la dirección del propio García de Quiñones, el día 1 de junio de 1751 se comenzaban a retirar las antiguas basas y a rectificar los cimientos ya iniciados.

Por lo que respecta al resto de la plaza, en 1750 comienza la segunda fase de la construcción y se encargó de las obras el mismo García de Quiñones, quien mantuvo fielmente el espíritu del primitivo proyecto, dando fin al pabellón conocido como de Petrineros, a la vez que levantaba el edificio del nuevo Ayuntamiento, donde sí utilizaba sus propios planos. Sin embargo, otras instituciones que edificaban en la plaza

El Pabellón Real corresponde al lado este de la plaza y se abre en él el llamado arco del toro. El nombre de este pabellón deriva de los medallones con efigies de reyes.

tenían sus propios arquitectos, aunque se seguían —para no perder su armonía— los proyectos de Churriguera. En 1755 la plaza quedaba concluida.

Esta obra salmantina sería la consagración profesional definitiva de su autor, que supo dotarla de un equilibrio y elegancia que realza la solemnidad que se perseguía y que Churriguera consiguió plenamente con su empeño. Como bien supo ver Kubler, «resulta la más festiva plaza pública de España, que alza cuatro pisos sobre soportales en torno a todo el cuadrado, de casi ochenta metros de lado, apartada del corazón de la ciudad medieval, como tranquilo y regular espacio vivo.»

Por lo que respecta a lo que podríamos llamar el programa simbólico de la plaza, conviene recordar que para darle un talante más solemne y significativo, el corregidor don Rodrigo Caballero y Llanes, además de redactar los reglamentos por los que había de regirse la plaza, ideó un programa iconográfico dedicado a ensalzar las glorias de la Corona española (la Monarquía, el Ejército, las letras y los santos) y que tendría su desarrollo en los medallones que decorarían las enjutas de los arcos de cada uno de los frentes de la plaza. Según su propuesta, en el Pabellón Real figurarían los monarcas españoles más destacados; en el de San Martín, los valerosos militares; en el de Petrineros, un homenaje a las ciencias y a las letras y, finalmente, en el Ayuntamiento los representantes de la santidad hispana. La marcha de Salamanca del corregidor Caballero en 1732 y los problemas económicos que surgieron a continuación impidieron que ese programa se pudiera plasmar íntegramente. Y el escultor designado, Alejandro Carnicero, solamente pudo realizar su labor en los dos primeros frentes. Con posterioridad a la terminación de las obra de la plaza, se llevó a cabo la labra de algunos de sus medallones, entre ellos uno con el busto del anterior jefe del Estado, el general Francisco Franco. Este trabajo se mantiene en la actualidad a cargo de distintos escultores.

Como ya hemos apuntado, esta Plaza Mayor de Salamanca responde puntualmente al proyecto de Alberto Churriguera, y este arquitecto tuvo en cuenta el efecto policromo que debería tener el conjunto, y utilizó una piedra rosada de gran belleza, que realza su excepcional elegancia. Camón Aznar escribía así, dando su opinión al respecto: «... los elementos decorativos están combinados con tal maestría en masa y color que hacen de esta obra una de las más felices del barroco español».

Los alzados de todos sus frentes parten de una base porticada, con arcos de medio punto sobre fuertes pilares y medallones de regusto plateresco en las enjutas. Son 88 el número total de arcos, en el conjunto de sus cuatro frentes, y es desigual en cada uno de ellos: 21 en el lado norte, del Ayuntamiento; 22 en el este o Pabellón Real; 20 en el sur, o de San Martín, y, por último, 25 en el oeste o de Petrineros. El diferente número de arcos se debe, por una parte, a las diferentes medidas de los lados de la plaza —tiene su fachada más amplia en el lado del Ayuntamiento, con 82,80 metros, y la más corta en el de San Martín, con 75,60 metros; la este y la oeste miden 80,60 y 81,60 metros respectivamente— y, por otra, a la apertura de arcos de mayores dimensiones, como los que se desarrollan en el Pabellón Real y el Ayuntamiento, que dan entrada en la plaza a las distintas calles que confluyen en ella.

Sobre el pórtico se levantan tres alturas, articuladas a base de pilastras cajeadas, con severos balcones de hierro, con los vanos enmarcados por molduras con orejeras y

Los numerosos balcones que se abren hacia la Plaza Mayor facilitan la asistencia de numeroso público para participar en los espectáculos que cobija esta plaza salmantina.

coronados por placas recortadas. El remate de cada uno de los frentes se resuelve por una balaustrada con delgados pináculos empenachados por la flor de lis de los Borbones, lo que llevó a Jürgens a comparar la plaza entera con una sala de fiestas, por el carácter lúdico con que esos elementos ornamentales dotan al conjunto.

En el llamado Pabellón Real, en el lado este, se abre un airoso arco —llamado arco del Toro, porque por él entraban las reses que iban a ser lidiadas en la plaza durante las corridas de toros; comunicaba con la plaza de la Verdura, luego plaza del Mercado—, cuya altura engloba el primer cuerpo de la fachada. Las enjutas están decoradas con medallones que reproducen las efigies de los soberanos reinantes en el momento del inicio de las obras, Felipe V e Isabel de Farnesio. El escultor Alejandro Carnicero llevó a cabo, entre 1730 y 1733, estos relieves y los de otros monarcas, desde Alfonso VII hasta Fernando VI, que figuran en las enjutas de los arcos del pórtico. Sobre el arco, una larga inscripción, grabada en cartela enmarcada con movida decoración, da constancia de las obras de ejecución de este Pabellón Real: «REINANDO FELIPE V. EL ANIMOSO, LA M. L. CIUDAD DE SALAMANCA EMPEZO ESTA OBRA A DIEZ DE MARZO DEL AÑO 1729, SIENDO CORREGIDOR EL SEÑOR DON RODRIGO CABALLERO Y LLANES, INTENDENTE GENERAL DE CASTILLA, POR SUS DIPUTADOS LOS SEÑORES DON JUAN DE BARRIENTOS Y SOLIS, DON FRANCISCO HONORATO Y SAN MIGUEL, DON JOSEPH DE CASTILLA, CONDE DE FRANCOS; DON JUAN GUTIERREZ Y DON FRANCISCO DE SORIA; Y SE CONCLUYERON LAS DOCE

Vista general y detalle con la cabeza de toro sobre el arco al que da nombre.

CASAS DE ESTA LINEA, LLAMADA "EL PABELLON REAL", EL DIA 3 DE MARZO DE 1733. SOLI DEO HONOR, & GLORIA.» En la tercera altura, y bajo un dosel, aparece la imagen de San Fernando. El pabellón está coronado por un frontispicio en el que figuran las armas del rey Felipe V.

En el pabellón de San Martín, en el lado sur —donde los problemas económicos se advierten en un empobrecimiento de la realización con respecto al diseño original y respecto al Pabellón Real—, Churriguera dispuso entre las pilastras cajeadas que articulan el cuerpo, los emblemas del sol y la luna, alegoría de las figuras de Cristo y de la Virgen. La parte superior se corona con un gran frontón triangular rematado por pináculos, en cuyo tímpano figura un emblema con el anagrama de María adornado con una decoración vegetal.

El monumental edificio del Ayuntamiento —que ocupa la parte central de la fachada norte de la plaza— vino a centrar admirablemente, y completar de la manera más adecuada, el conjunto, del que destaca sobresaliendo ligeramente por encima de la línea de tejados. El edificio tiene un primer cuerpo porticado con cinco arcos de medio punto con bóvedas hechas de ladrillo jabonero recocido sentado con yeso. En él se disponen dos cuerpos laterales y uno central —articulado el primer piso con pilastras y el segundo con estípites—, quedando los laterales delimitados por esbeltas columnas de fustes estriados y capiteles corintios. Cada uno de los dos pisos del cuerpo central cuenta con tres balcones barrocamente enmarcados, coronados con frontones partidos, con escudos los de la planta baja y frontones curvos los de la segunda. En la planta principal, escoltan al balcón central dos hornacinas que albergaron los bustos de los reyes Carlos IV y María Luisa de Parma, realizados por José Álvarez Cubero, que fueron destruidos por la chusma el día 30 de septiembre de 1868, y se reemplazaron en 1877 por los de don Alfonso XII y la princesa Isabel. En la actualidad se encuentran vacías. Los cuerpos laterales repiten en la decoración de sus vanos el esquema del central. La fachada se corona por una balaustrada con esculturas alegóricas de la Agricultura, el Comercio, la Industria y la Astronomía sobre pedestales, obras de Isidoro Celaya, y presenta en la parte central una espadaña para el reloj y las campanas del Concejo, que fue realizada en 1852 por el arquitecto Tomás Cafranga con piedra proveniente de los derruidos dormitorios de la clerecía. Sin embargo, no se construyeron nunca dos pequeñas torres octogonales que flanqueaban el conjunto en el proyecto, aunque, como bien señala el profesor Ceballos, esos elementos, con sus acentos verticales hubieran perturbado el efecto de serena nobleza que hoy tiene el recinto.

El aire festivo que tiene esta plaza, espejo y paso diario obligado de sus habitantes, lugar de celebración de corridas de toros, de procesiones y de exaltaciones de monarcas, la convierte en el recinto urbano de carácter cerrado —tipología que se impone en nuestro país a últimos del siglo XV, bajo el reinado de los Reyes Católicos— de mayor entidad y elegancia de cuantas existen en España.

La valoración que hoy tenemos de esta plaza, de la que hemos tratado de dar una aproximación, contrasta con la crítica de los tratadistas académicos de últimos del siglo XVIII, particularmente con la visión que nos proporciona Ponz en el tomo XII de su *Viaje de España*, cuya primera edición vio la luz en 1783: «Una de las obras modernas que más se celebran en Salamanca y fuera de ella es la Plaza Mayor, que el Padre Caimo la coloca entre las más bellas de España. No se puede negar que la idea fue grande y que la obra podría ser de la mejor arquitectura; pero creyeron ser la mejor la que se puso en práctica... Sin embargo, el todo de esta plaza, que es cuadrada, parece bien y mucho mejor a los que no se paran en finuras y propiedades del arte.»

Bajo los soportales de la Plaza Mayor de Salamanca se encuentran numerosos comercios de larga tradición local.

Valladolid

El día 21 de septiembre de 1561 un desgraciado incendio asoló la ciudad de Valladolid, destruyendo cuatrocientas cuarenta casas principales, la Plaza Mayor y algunas calles comerciales de su entorno.

Dicha plaza, con una función eminentemente comercial, se había ido creando a partir de principios del siglo XIII fuera del primitivo recinto amurallado de la villa, por la salida del «postigo del Trigo». Construida en toda su extensión, fue centro de la actividad económica —y también de la picaresca—, hasta que el incendio ocurrido el día 6 de agosto de 1461 destruyó parte de sus edificios, que pronto se reconstruyeron.

El Concejo contaba en este lugar con unas casas en las que se celebraban los ayuntamientos durante las ferias de Cuaresma y de septiembre, mientras que el resto del año tenían lugar en otras casas de la plaza de Santa María. Sin embargo, y a partir de una Real Cédula de los Reyes Católicos, leída en el Consistorio el 10 de abril de 1499, las reuniones del regimiento de la villa deberían hacerse siempre en la Plaza Mayor, por lo que tomaba esta antigua plaza del mercado el rango de la primera y más representativa de Valladolid, en la que en 1519 se inauguraba una fuente pública.

Esta plaza fue testigo de ejecuciones, como la de don Álvaro de Luna el día 2 de junio de 1453; de recepciones y homenajes reales, como los ofrecidos al archiduque don Felipe de Austria y doña Juana, hija de los Reyes Católicos, cuando regresaban para ser jurados príncipes el 4 de marzo de 1504, y su proclamación como reyes de Castilla el día 30 de noviembre de 1506. También se corrieron toros, y dice la tradición que el rey Carlos I alanceó toros en esta plaza de Valladolid en 1527, con motivo de las fiestas que tuvieron lugar por el nacimiento del príncipe heredero don Felipe, que recoge Goya en el grabado número 10 de su *Tauromaquia*.

El día 24 de septiembre de 1561, pocas horas después de apagarse el incendio, el Concejo vallisoletano, a la vez que comunicaba la terrible noticia al rey Felipe II, precisando la magnitud y alcance de la tragedia, y se trasladaba a la Corte el corregidor

Detalle de la Plaza Mayor de Valladolid.

Tras la destrucción del antiguo Concejo vallisoletano, en 1879 se edificó el actual Ayuntamiento, que se inauguraba en 1908.

Luis Osorio para explicarle al monarca la necesidad de reedificar la Plaza Mayor, encargaba un día más tarde al maestro Francisco Salamanca —que en aquellos años iba a comenzar a edificar un nuevo Consistorio— el proyecto de erigir «una muy principal plaça». Este modesto artífice llevó a cabo tres diseños consecutivos, pues no gustaron los dos primeros, y solo el último, entregado el 17 de noviembre, fue enviado al rey Felipe II para su aprobación, que se obtuvo el día 19 de marzo de 1562, con la indicación de las normas por las que habrían de regirse para la construcción de la plaza.

Encargado por Francisco Tello Sandoval, presidente de la Chancillería de Valladolid, un cuarto proyecto a Francisco Salamanca, este, de acuerdo con las exigencias reales, fue enviado a Felipe II, quien llevó a cabo diversas consultas con Vargas, Menchaca, Velasco y Gasca, consejeros de las obras reales. Sin embargo, pudo ser al parecer el arquitecto del rey, Juan Bautista de Toledo, el que diseñara unas nuevas trazas, tal y como parece desprenderse de la provisión real de 12 de junio de 1562, en la que se ordena que se inicien las obras de acuerdo «a la traça que por nos está dada». Para la construcción de las casas debería utilizarse el ladrillo, señalándose también una serie de precisiones que se debían tener en cuenta, como la uniformidad y la anchura de todos los nuevos edificios.

El maestro Francisco de Salamanca fue encargado de dirigir las obras, pero encontraba numerosas dificultades en la interpretación de las indicaciones regias, por lo que precisó contar con la colaboración de los canteros Juan de Escalante y Juan de la Vega,

y hubieron de intervenir también los consejeros reales Velasco y Menchaca para el fiel seguimiento del proyecto, que quedaba esclarecido el 18 de agosto del mismo año 1562.

Junto a los antiguos edificios y a los antiguos comercios, se levantaron nuevas construcciones y se abrieron tiendas que proporcionan un nuevo dinamismo a la ya cuatro veces centenaria plaza.

Preparados los solares, será Gasca quien resuelva las cuestiones pendientes, y acabaron plasmándose en unas últimas trazas los deseos de Felipe II para la reconstrucción de la Plaza Mayor de su ciudad natal. En 1563 comenzaron las obras, en las que posiblemente se debió de contar con la colaboración de Juan de Herrera, que en tal año había ingresado en el servicio real.

El proceso de construcción de los edificios que integraron la Plaza Mayor vallisoletana se dilató a lo largo de casi cuatro décadas y fueron varios los artífices que participaron en él. Francisco de Salamanca contó a partir de 1573 con la colaboración de su hijo Juan, que permaneció en su puesto hasta la muerte del progenitor, dos años más tarde. En 1576 le sustituyó en la dirección de la obra Pedro de Mazuecos el Viejo, quien mantuvo a su lado a los canteros Juan de la Vega y Juan de Escalante, a los que se uniría el carpintero Pedro de Azcutia. Las obras avanzaron lentas, tanto por problemas económicos como por las dificultades de respetar el principio de igualdad de cada uno de los edificios y las protestas de los propietarios que, como escribe Cervera Vera, «sentían limitada la posibilidad de distinguir las fachadas de sus casas».

La construcción de los edificios de mayor singularidad y representación fue lo último en abordarse. En 1585 se encargaron a Juan de Herrera las trazas para la Panadería y para la Casa Consistorial, que se levantaría en el lado norte de la plaza, enfrente de donde se encontraba desde época medieval, en la conocida como «acera de San Francisco», por estar en este lado el convento de franciscanos. En 1592 Francisco de Mora presentaba a Felipe II el proyecto de Juan de Herrera para el edificio municipal, cuyas obras dirigieron, primero Diego de Praves, hasta 1600, y más tarde Pedro de Mazuecos el Mozo, que las concluiría en 1605. Este edificio, que conocemos por grabados, planos y fotografías antiguas, ofrecía una planta rectangular, con torres en los ángulos externos y acceso adintelado entre dobles columnas sobre plintos. A ambos lados, en la entreplanta, abrían balcones corridos con tres huecos adintelados, y en la planta noble, un balcón corrido con diecisiete huecos coronados por frontón curvo. En las torres encontramos chapiteles, balcón con barandal de forja y escudos. Una torrecilla alberga el reloj y sobre el tejado se yergue una torre de tres cuerpos para las campanas.

El conjunto de la nueva plaza quedó con un perímetro trapezoidal, aparentemente rectangular, con una superficie de 10.750 metros cuadrados. En los edificios que la configuraban se utilizó el ladrillo para las estructuras, y para las fachadas, ladrillo y piedra, con altura similar y rítmica y cuidada distribución de vanos. Las casas son de cuatro plantas y presentan en la baja soportales que sostienen pétreas columnas y pilares cuadrangulares. De entre los edificios destacaban la Casa Consistorial y la portada del convento de San Francisco.

El abate Ponz, en su tomo XI del *Viaje de España,* publicado en 1783, menciona esta plaza vallisoletana: «Dos son en esta ciudad las plazas principales: la una, en el centro, casi tan grande como la Mayor, de Madrid, y la otra en un extremo, al Mediodía, y es la que llaman el Campo Grande. El caserío de la primera es al modo del de la de esa corte, y aun se da por cierto que esta sirvió de modelo para esa. Tiene tres órdenes de balcones, en donde pueden estar sentadas con relativa comodidad veinticuatro mil personas, según me aseguran. Los soportales son altos y espaciosos, con columnas de piedra berroqueña no todos de igual altura, pues hay diferencia de doce a dieciocho pies.»

En resumen, y como bien señaló Cervera Vera, «podemos considerar que la estructura urbana de la plaza mayor, con su entorno, mantiene las características tradicionales de nuestras plazas mayores, y que la única novedad que aporta es la programada regularización geométrica que impuso en su conjunto y en la uniformidad de sus edificios el concepto rigorista de Felipe II». En la actualidad, las fachadas de sus casas antiguas están enfoscadas y pintadas, muchas de ellas se derribaron a lo largo de los siglos XIX y XX para construir otras nuevas, que, aunque mantienen una cuidada distribución de sus vanos —siguiendo el esquema de la plaza—, han sobrepasado la altura, distorsionando el conjunto. Mención aparte debemos hacer del edificio construido a principios de este siglo para el Hotel Moderno por el arquitecto Repullés, en cuya planta baja se proyectaron soportales con arcos que tuvieron poca fortuna.

Por lo que corresponde al Ayuntamiento, el edificio más singular de los que actualmente configuran la plaza tras la demolición en 1879 de las antiguas Casas Consistoriales, ante la inminente amenaza de ruina que presentaban, además de resultar ya insuficientes para la vida del municipio, se convocó en 1883 un concurso de proyectos que en julio de ese mismo año fallaba la Real Academia de Bellas Artes de San

Centra la Plaza Mayor de Valladolid este monumento al conde Pedro Ansúrez, obra del escultor Aurelio Carretero, que fue inaugurado en 1903.

Las casas que configuran la Plaza Mayor de Valladolid presentan en su planta baja soportales sobre columnas de granito y piedra caliza.

Fernando a favor del presentado por el arquitecto Antonio Iturralde y Montel. Se colocó la primera piedra el día 24 de julio de 1892, aunque las obras se paralizaron cinco años más tarde, a la muerte del arquitecto. El 20 de noviembre del mismo año el Ayuntamiento encargaba un nuevo proyecto al arquitecto Enrique María Repullés y Vargas, quien debía conservar la obra ejecutada, y recomenzó los trabajos el día 20 de marzo de 1901. El nuevo edificio fue inaugurado el día 19 de septiembre de 1908.

El historicismo ecléctico de este arquitecto se puso de manifiesto en esta obra que nos trae recuerdos de los palacios renacentistas del siglo XVI, con clara inspiración en el de Monterrey de Salamanca. El mismo arquitecto nos describe el edificio en la memoria que acompañaba a los planos: «... en la fachada principal dispongo el centro con el pórtico de planta baja y sus tres arcadas, correspondientes a las tres entradas del vestíbulo, las ventanas laterales de la conserjería y portería, y los pabellones marcando las crujías de los costados; en el piso principal, los cinco grandes huecos centrales revelan el Salón de Fiestas, y los dos laterales en dichos pabellones los de ambos gabinetes... Los huecos, cinco en cada uno de sus pisos, están cerrados por arcos de medio punto y separados por triples pilastras ornadas con basas y capiteles tallados. En la planta baja, los tres huecos centrales están precedidos del pórtico, y está rematado por cornisas y balaustrada; el del medio del piso principal corresponde a la torre donde puede

Bajo los soportales se encuentran numerosas tiendas que mantienen el carácter comercial propio de la plaza.

ostentarse el reloj con símbolo de orden; el escudo de la ciudad signo de nobleza, y el pabellón nacional, emblema augusto de la Patria».

En la parte central de la plaza se habilitó a principios de siglo una glorieta con jardincillos y posteriormente un gran templete para la música, de estilo árabe y de madera. En la actualidad centra la plaza el monumento al conde Pedro Ansúrez, obra del escultor Aurelio Carretero, inaugurado en 1903.

Conocida ahora y desde principios del siglo XVI como Plaza Mayor, sin embargo a lo largo de la historia se ha denominado del Mercado (en época medieval), de la Constitución (14 de octubre de 1813), Plaza Real de Fernando VII (1814), nuevamente de la Constitución (1820) y Real Plaza de Fernando VII (1823), y por tercera vez de la Constitución, denominación que duró casi hasta fines del siglo pasado, con el curioso paréntesis de la dedicatoria de la plaza en 1837 al monarca carlista Carlos V por las tropas que tomaron la ciudad al mando de Zaratiegui. Ya en este siglo, en 1928 fue llamada plaza del General Primo de Rivera y desde 1930 Plaza Mayor.

El Teatro Zorrilla ocupa parte del solar del antiguo convento de San Francisco.

Esta Plaza Mayor tiene un lugar destacado en el desarrollo de la Semana Santa vallisoletana, pues es el escenario del Sermón de las Siete Palabras que se predica cada año en la mañana del Viernes Santo.

Zamora

El origen de la actual Plaza Mayor de Zamora hay que buscarlo en el mercado que se celebraba entre los siglos XI y XII extramuros de la ciudad, lo que daría lugar con el paso del tiempo a una plaza rectangular, cerrada por tres lados.

Será ya a principios del siglo XVI cuando tenga lugar la ordenación de este conjunto, que con la construcción del edificio del Ayuntamiento en uno de los lados menores da origen a la Plaza Mayor. Los tres frentes presentaban casas soportaladas, tal como todavía permanecen en uno de sus lados mayores, con una serie de edificios levantados en los últimos años del siglo pasado y primeros de este que también tienen soportales a base de arcos de medio punto construidos con piedra, bajo los que se alojan tiendas, y tres alturas de viviendas. Las del otro lado, levantadas sobre la muralla y adosadas a la iglesia de San Juan de Puerta Nueva, fueron destruidas para dejar exento el templo.

Monumento a la Semana Santa de Zamora ante la iglesia de San Juan de Puerta Nueva.

En el lado sur se levanta el antiguo Ayuntamiento, edificado en 1504 y donde permaneció el Consistorio hasta 1950. En 1523 sufrió un importante incendio que destruyó gran parte del edificio, que ha sido objeto, a lo largo de su dilatada historia, de distintas reformas, hasta que se le devolvió, no hace muchos años, su aspecto original. Su fachada es de marcado carácter italianizante, con un cuerpo central que presenta un pórtico en la planta baja a base de cuatro arcos de medio punto que apoyan en columnas sobre plintos. En el piso superior tiene una galería de arcos rebajados sobre columnas con el escudo real de España y los de los dos cuarteles de Zamora en las enjutas. Todo ello flanqueado por dos pabellones en los que se abren sendos arcos apuntados en el piso superior, y dos de medio punto en el inferior. En la actualidad aloja a la Policía Municipal.

El nuevo edificio Consistorial, ubicado en el lado norte de la plaza, frente al antiguo, fue inaugurado en 1950. De carácter muy ecléctico, presenta soportales en el piso bajo, en arco de medio punto. Destaca en su fachada la parte central con arco de pie-

Fachada de la iglesia de San Juan de Puerta Nueva que ocupa uno de los lados de la plaza.

A través de uno de los arcos de los soportales de la plaza, puede verse la iglesia de San Juan, que antes estaba oculta por una hilera de casas construidas junto a ella.

dra, y encima de él, en la planta noble, un balcón corrido de hueco adintelado, sobre el que campea el escudo de la ciudad y se abre una ventana, rematado todo ello por la torre clasicista del reloj y la campana, a manera de ático muy verticalizado, coronada por un pequeño chapitel con pináculos en los ángulos. Los cuerpos laterales del edificio, en la segunda y tercera plantas, ofrecen una armónica distribución con huecos adintelados sobriamente moldurados.

El conjunto de la plaza se completa con la iglesia de San Juan de Puerta Nueva, denominada así porque se había abierto junto a ella en 1171 una nueva puerta en la muralla del primer recinto de la ciudad. La fábrica de este templo se inició en la segunda mitad del siglo XII, concluyéndose en los primeros años del XIV. Durante el siglo XVI se adosaron diversas construcciones que formaban parte de la plaza, hoy destruidas, quedando la iglesia exenta mostrando su arquitectura medieval.

Edificado en 1504, permaneció aquí la Casa Consistorial hasta 1950, cuando se trasladó al nuevo edificio construido en el lado norte de la plaza.

PLAZA
MAYOR

Bañolas (Girona)

La Plaza Mayor de Bañolas —que no acoge el edificio del Ayuntamiento, ubicado desde mediados del siglo XIII en un inmueble de la calle Mayor— es uno de los más interesantes ejemplos de las típicas plazas soportaladas catalanas, y constituye un armónico conjunto arquitectónico —declarado Monumento Histórico-Artístico por Orden de 5 de junio de 1962— que aunque es resultado de construcciones de diversas épocas, se presenta en la actualidad notablemente equilibrado y proporcionado.

Balcones de una de las casas de la Plaza Mayor de Bañolas.

El nacimiento de esta plaza medieval tiene lugar de una forma espontánea, fuera de las murallas de la villa, en el camino que une Ampurias con Porqueras, junto al lago de Bañolas. Comenzó a ser lugar de mercados y ferias a partir de 1243 por concesión del rey don Jaime I y se convirtió a partir de 1279 —fecha en que ya está documentada— en centro vital de la «Vila Nova», que poco a poco se va levantando alrededor de ella, particularmente a partir de 1303, año en que alcanza su autonomía municipal, tomando este nombre de Plaza de la Vila Nova, que mantendrá a lo largo de tres siglos.

Será en los años finales del siglo XIII y primeros del XIV cuando la plaza se configure tal como es hoy día. Las primeras casas construidas son las que ocupan el lado norte, en el camino de salida de la villa por la Porta del Turers, a las que siguieron otras en el lado este, en el camino de Girona. Su anchura venía determinada por una parcelación perpendicular a los caminos, por lo que todas ellas presentan una cierta similitud, formando unos seis metros y medio de fachada. Un arco de piedra, bien tallada, daba lugar a un porche que se enlosaba también con piedra. Los porches vendrían a cubrir una necesidad de espacio en las casas, espacio que podían ganar al estar permitido ampliar las viviendas siempre que no ocupasen el camino público.

Ampliada la plaza a partir del siglo XIV por sus lados sur y oeste, a finales del siglo XV continuaba la construcción de casas porticadas, que ya en el siglo siguiente

Interior de los soportales que rodean la Plaza Mayor de Bañolas.

La cuidada iluminación y su arbolado contribuyen a dar a esta plaza una imagen distinta.

empiezan a rasgar sus fachadas con aberturas y que en numerosos casos se convertirían en balcones a lo largo de los siglos XVIII y XIX. La cubierta de los arcos, antes de madera y con bovedillas, se transforma con la construcción de bóvedas de arista.

Durante la ocupación francesa (1809-1814) se consideró el proyecto de ampliar la plaza, para lo que habrían de derribarse algunas casas situadas entre esta y la calle del Borne. Sin embargo, derruida la primera de ellas, se desistió de la idea, y se construyó en su lugar un edificio con pórticos neoclásicos de influencia francesa.

A principios del siglo XX se realizaron otros arcos de estilo renacentista afrancesado, que sin embargo, por sus proporciones y pátina, se han integrado perfectamente en el conjunto.

El conjunto de la plaza, de forma trapezoidal, presenta todos sus lados porticados con cuarenta grandes arcos de medio punto, más o menos rebajados, de piedra. Las fachadas muestran, indefectiblemente, el dilatado espacio de tiempo que ocupó la construcción de los edificios que la integran. Las casas, de las que es ejemplo la llamada de Cal Moliner, de una sola altura sobre el arco, con fachada muy hermética en la que destaca una ventana geminada con una columna central con basa y capitel, debían de tener inicialmente solo una planta. Otras responden a un modelo más evolucionado, con dos alturas, y aún estableceríamos un último grupo con viviendas de tres alturas.

En algunas fachadas subsisten elementos arquitectónicos del siglo XIII. Entre las casas más antiguas, situadas al comienzo de las llamadas Voltes de Dalt, iniciadas entre 1230 y 1240, hay que mencionar la llamada Can Florentina, que tiene un doble arco de medio punto rebajado y cinco ventanas dobles ajimezadas con capiteles románicos de motivos vegetales. El aparejo es de sillería perfectamente tallada y escuadrada.

En el lado este de la plaza, perpendicularmente a las Voltes de Dalt, hay una hilera de arcos que sustentan edificios que presentan en sus muros *opus spicatum*, aparejo

Parte central de la Plaza Mayor de Bañolas, con los jardines que le confieren un peculiar ambiente.

este de tradición romana usado en época prerrománica y en todo el siglo XI, pero de larga utilización como se pone de manifiesto en esta plaza medieval.

Sin embargo, y aunque a lo largo de su historia la plaza sufrió varias reformas, con la apertura de nuevos vanos, la estructura de sus pórticos se mantuvo prácticamente intacta. Por otra parte, tras la declaración de la plaza como Monumento Histórico-Artístico, se han llevado a cabo distintas obras de restauración que han permitido descubrir elementos arquitectónicos muy importantes que estaban ocultos por el revoco de los muros originales.

Esta Plaza Mayor de Bañolas ha recibido distintos nombres: plaza de la Vila Nova desde su nacimiento hasta mediados del siglo XVI, y oficialmente entre 1546 y 1822 Plaza Mayor, nombre que fue sustituido entre 1825 y 1835 por el de plaza del Rey; luego plaza de la Constitución o Mayor, indistintamente, entre 1839 y 1931, fecha esta última en la que se denominó plaza de la República, denominación que dejó a partir de 1939 para cambiar por la de plaza de España y en la actualidad Plaza Mayor.

También fue escenario de distintos acontecimientos históricos, se utilizó como estacionamiento de tropas durante la guerra de los Remensas y en la guerra de la Independencia, y en ella se proclamó dos veces la Constitución de 1812.

Corazón de la villa, en su parte central se dispuso un gran parterre arbolado que le confiere un peculiar ambiente. En este jardín, a mediados del siglo XIX los republicanos plantaron el árbol de la libertad.

En la actualidad sigue albergando el mercado de los miércoles, solo de hortalizas desde 1865, y alojando en sus soportales numerosas tiendas y algunas sociedades, entre ellas el casino bañolense, que a mitad del siglo pasado era conocido como Casino el Iris. También es escenario del popular baile de sardanas, ya que este espacio goza de una perfecta acústica.

Arco de una de las casas más antiguas de la plaza. La creación de porches, a la vez que permitía alojarse bajo ellos a los comerciantes y mercaderes, servía para ampliar las viviendas sin perder espacio en la calle.

Santander

Barcelona

La ciudad de Barcelona cuenta con dos importantes y significativas plazas: la primera, de Sant Jaume, acoge en la actualidad, al igual que lo hizo a lo largo de su dilatada historia, dos significativos edificios: el Ayuntamiento y el Palacio de la Generalitat, y la segunda, la Plaza Real, participa del sereno concepto de plaza sin representatividad institucional, inmersa en el concepto de la plaza francesa decimonónica.

El Palacio de la Generalitat es un magnífico edificio que ocupa uno de los lados de la plaza de Sant Jaume y es la sede del gobierno de Cataluña.

Plaza de Sant Jaume

De esta plaza, cuyo nombre de Sant Jaume hace alusión a una piadosa tradición que mantenía que en ella había predicado el apóstol Santiago (san Jaime), para lo que se erigió allí una iglesia, destacaba Víctor Balaguer en la penúltima década del pasado siglo que es la «plaza más antigua de Barcelona, y también la más célebre».

Ubicada en la intersección de las dos principales vías de la ciudad romana —el cardo y el decumanus—, existía ya en el año 1261. Fue adquiriendo su forma actual a partir de 1823, cuando se destruyeron para ampliarla el antiguo templo de Sant Jaume, algunos otros edificios y los cementerios de San Miguel y de Sant Jaume, quedando configurada tal como hoy la vemos a partir de 1840 con el nombre de plaza de la Constitución. Se trataba de la primera operación urbanística que se llevó a cabo siguiendo las pautas de lo propuesto durante el trienio constitucional: abrir una calle que en línea recta atravesara de este a oeste la traza medieval de la ciudad, que se completaría cuando se abrieron las calles de Ferrán (1824-1848) y Jaume I (1849-1853).

Denominada en 1931 plaza de la República, en 1939 volvió a llamarse plaza de la Constitución, nombre que se cambió un año después por el que hoy ostenta de Sant Jaume.

Su mayor interés radica en los dos edificios que ocupan sus lados mayores, que la convierten en el centro institucional de la ciudad.

Exhibición de castellers en la plaza de Sant Jaume, durante las fiestas de la Merced.

El edificio del Ayuntamiento es más bien un conjunto de las dependencias correspondientes a los principales organismos de gobierno municipal agrupados a lo largo de los siglos: el Consejo de Cien, jurados o asamblea general, el Consejo de Treinta o asamblea restringida y la Escribanía del Racional, con el personal administrativo, a los que se añadía el Consejo Ejecutivo. De esta forma nos encontramos con dos fachadas: la primitiva del Trentenario y la principal, construida en 1844 como acceso principal del conjunto. La antigua fachada se comenzó a construir hacia 1399 bajo la dirección del maestro mayor de la obra de la Casa del Consejo, Arnau Bargués, quien contrató su fábrica, en colaboración con Francisco Marenyá, en la calle Regomir, actualmente de la Ciudad.

Ejemplo clave del gobierno civil catalán, el edificio consta de dos cuerpos. En el inferior se halla la puerta principal en el extremo derecho, en arco de medio punto, con gran dovelaje y ornamentación de cardinas. Dos grandes ventanales en arco muy rebajado y otro acceso, más pequeño, en el lado opuesto completan su configuración. En el cuerpo superior se abren dos grandes ventanales en arco apuntado tripartito, con rica decoración, y un tercer ventanal más pequeño, a la izquierda. Sobre el acceso principal se desarrolla una esculturada portada con los escudos de la ciudad y la imagen del arcángel san Rafael. La ornamentación, a excepción del arcángel, la llevó a cabo el

Escultura de San Jorge, obra de Andrés Aleu en 1871, que preside la fachada principal del Palacio de la Generalitat.

Escudo de Barcelona, labrado en piedra, que corona el edificio municipal.

taller de Jordi de Deu en 1400. El ángel, de la misma fecha y autor anónimo, tiene unas alas de bronce fundidas por Pedro Sa-Anglada.

La fachada principal se realizó sobre el proyecto de José Mas Vila, quien la trazó en 1831, y fue terminada en 1847. Para ello se derribaron a partir de 1823 las construcciones del ala norte, incluyendo la iglesia de Sant Jaume y la casa de la Bailía General, quedando del Trentenario la Lonja y algunos elementos sueltos, y mutiladas, la galería y la fachada gótica, de la que desapareció un gran ventanal y parte de la puerta. La moderna fachada, de estilo clasicista, presenta un cuerpo central más saliente, donde, a la altura del primer piso, se plantea un pórtico tetrástilo de capiteles jónicos con balcón corrido y gran remate esculturado, con escudo y corona real sobre un amplio entablamento. Este remate fue proyectado en 1855 por el arquitecto Francisco Daniel Molina. Los laterales presentan igualmente tres alturas: soportales en la planta baja, balcones con balaustradas y cornisas voladas en la noble, y ventanas en la última, rematado todo ello por una balaustrada interrumpida por plintos. El acceso principal está flanqueado por dos estatuas que esculpió José Bover, la del rey don Jaime I, fundador del municipio en el siglo XIII, y la del *conseller* Juan Fivaller, defensor de los privilegios de la ciudad.

El Palacio de la Generalitat es uno de los más bellos e importantes de Barcelona. Casa del General, es decir, de la Generalidad o del Común, era el lugar donde se reunían los representantes de los Tres Brazos de las Cortes. Construido en distintas épocas, forma un conjunto muy heterogéneo. Su primer núcleo fue levantado entre 1403 y 1434. Se trataba de un edificio de reducida planta, que se agrandó en 1526 hacia el norte; se construyó la Cambra Daurada a principios del siglo XV y se ensanchó con varias casas antiguas que se adquirieron y derribaron. En los últimos años del siglo XVI

CARRER
DE
COLOM

y primeros del XVII se determinó dar mayor ensanche al Palacio por el lado que daba a la plaza de Sant Jaume. El arquitecto Pedro Blay dirigió la obra y mantuvo intactas las partes más antiguas e importantes del edificio.

Abolidas tras 1714 las antiguas libertades de Cataluña, el edificio de la Generalitat fue cedido a la Audiencia y en 1908 pasó a ocuparlo la Diputación Provincial, que llevó a cabo un importante trabajo de restauración de todo el edificio. En la actualidad es sede del gobierno de la Generalitat de Cataluña.

En su severa fachada, con dos pares de pilastras en sus extremos y grandes balcones y ventanas, destaca la portada con dobles columnas y desarrollado entablamento sobre el que descansa un volado balcón con barandilla de bella balaustrada pétrea. Adorna el centro una hornacina bastante profunda que acoge la estatua de San Jorge, patrón de Cataluña, obra de Andrés Aleu, con la que el artista alcanzó una medalla de primera clase en la Exposición Nacional de Bellas Artes de 1871. Se remata el edificio con balaustrada entre plintos.

Fue declarado Monumento Histórico-Artístico por Decreto de 3 de junio de 1931.

La severidad clasicista de los edificios que configuran la Plaza Real contrasta con el exotismo de las palmeras que la centran.

Plaza Real

Durante el gobierno constitucional de 1820 a 1823, el día 5 de mayo de 1822 las Cortes hacían cesión al Ayuntamiento de Barcelona del antiguo convento de capuchinos, levantado en 1718 próximo a las Ramblas, para que, demolido, se construyera sobre sus solares una plaza que debía denominarse «de los Héroes Españoles». Curiosamente, para conseguir el dinero necesario para las obras se ideó una lotería por la que se sorteaban los trece solares que quedaban libres alrededor de la nueva plaza. Sin embargo, este proyecto no fue realizado, pues en 1824, concluido el Trienio Liberal, se volvía a edificar un nuevo convento para los capuchinos en una parte del mismo solar.

Tras la Desamortización de 1835, y abandonado un año más tarde definitivamente el convento por su comunidad, se construiría sobre él el llamado Teatro Nuevo. Sin embargo, el Ayuntamiento barcelonés reclamó al Gobierno el cumplimiento del acuerdo de Cortes de 1822, a lo que se accedió por Real Orden de 15 de marzo de 1848, por la que los solares pasaban a ser propiedad municipal.

Se retomó la idea de construir una plaza con pórticos, y se convocó para ello, con fecha 2 de mayo de 1848, un concurso abierto a todos los arquitectos españoles. Presentados quince proyectos, fueron premiados tres; correspondió la medalla de oro al presentado por el arquitecto Francisco Daniel Molina, el primer accésit y una medalla de plata al mismo arquitecto y el segundo accésit con otra medalla de plata a José Oriol Mestres.

El día 10 de octubre del mismo año 1848, cumpleaños de la reina Isabel II, se colocaba la primera piedra de la nueva plaza, asistiendo al solemne acto todas las autoridades. Dos años más tarde, el día 19 de noviembre de 1850, avanzadas ya sus obras, se colocaba en el centro de la plaza —llamada desde entonces Plaza Real— la primera piedra del monumento que debía erigirse —según el proyecto premiado— al rey Fernando el Católico. Las obras concluyeron en 1860 y en 1864 se ultimaron los acabados de las fachadas.

Construida sobre el solar del antiguo convento de capuchinos, su primera piedra era colocada el día 10 de octubre de 1848, cumpleaños de la reina doña Isabel II. Páginas 158-159.

La fuente de las Tres Gracias, hecha de hierro colado, presidió la plaza entre los años 1876 y 1892, quitada después de allí y repuesta en su lugar en 1927.

Reducidas las dimensiones de la proyectada plaza, quedó con planta rectangular de 55 metros en su lado menor, por 85 en el mayor, con una ligera irregularidad a fin de mejorar el enlace con las calles preexistentes.

Las fachadas constan de cuatro alturas; muestran en el piso inferior un pórtico con pilares y arcos de medio punto, sobre el que se desarrollan dos pisos de viviendas, en los que se abren balcones adintelados entre pilastras corintias de orden gigante que alcanzan las dos alturas. Los vanos se protegen con balcones de hierro, que, en la planta baja, aparecen curiosamente unos volados y otros a rafe del vano. Sobre un desarrollado entablamento se levanta un tercer piso con ventanas.

La homogeneidad de sus fachadas se interrumpe en la entrada de la calle de Colón, por la que tiene su acceso desde las Ramblas, pero en ambas aceras los pórticos recorren toda la extensión de la calle. En los ángulos de la plaza con esta calle se desarrollan dos cuerpos avanzados con algunos elementos decorativos —medallones y remates— que evitan la excesiva monotonía y dan variedad al conjunto. También destacan los enlaces con las calles laterales a través de los pasajes Bacardí y Madoz.

Víctor Balaguer, en 1888 decía de esta plaza: «... las lujosas tiendas y cafés que la rodean; la espléndida iluminación de los faroles, que corresponden uno en cada centro de arco, y la decoración uniforme en todas sus partes, son un aliciente vivo y permanente que convierte aquel local en un agradable paseo tanto de noche como de día».

El concurso implicaba también el proyecto de un monumento para ocupar el centro de la plaza, que debería inspirarse en un hecho histórico, que daría nombre a la

Detalle de la fuente de las Tres Gracias.

misma plaza. Se había previsto asimismo que se indicase un método para la iluminación por medio del gas, así como la distribución de un paseo o jardín que ocupara todo el ámbito libre y sin edificar. El arquitecto ganador propuso que el hecho fuera el reinado de los Reyes Católicos y la unión de Aragón con Castilla, dándosele así el nombre de Plaza Real o mejor de Fernando el Católico. El monumento consistía en un basamento de mármol con una serie de alegorías y relieves que se culminaría con la estatua ecuestre del rey Fernando. Se completaba con un paseo con asientos de mármol.

Sin embargo, el monumento —cuya escultura se le encargó a José Piquer— no se llevó a cabo, y los últimos restos de su pedestal fueron retirados en 1868. Algunos años más tarde, en 1876, el arquitecto municipal Antonio Rovira y Trías presenta un proyecto de fuente monumental para ocupar el centro de la plaza, con una escultura de las Tres Gracias, de hierro colado, de la casa Durenne de París, que presidió la plaza hasta 1892. Sustituida por una fuente luminosa, fue reinstalada en su lugar inicial en 1927.

Para la decoración de esta plaza el arquitecto Antonio Gaudí proyectó entre 1878 y 1879 dos farolas de seis brazos, que fueron restauradas en 1965 por Cesar Martinell y nuevamente en 1982, al llevarse a cabo entre 1982 y 1984 la eliminación de la circulación rodada y la sustitución de la jardinería por un pavimento de piedra según proyecto de los arquitectos F. Correa y A. Milá, del que surgen las palmeras que siempre han dado complemento a esta plaza.

Llamada Plaza Real desde 1850, el día 26 de agosto de 1931 se le cambió por el nombre de plaza de Francisco Maciá, pero recuperó el de Plaza Real en 1939.

PANS DE PESSIC

Vic (Barcelona)

La Plaza Mayor de Vic, también llamada plaza del Mercadal, pone de manifiesto en este último nombre la vocación de la ciudad como centro comercial de la comarca, que desde la Edad Media es el lugar de celebración del mercado que todavía se mantiene en la actualidad. Forma parte del importante conjunto monumental para el que fue incoado expediente para su declaración como Conjunto Histórico-Artístico el 19 de abril de 1977.

Es de planta cuadrangular, notablemente irregular. Sus dimensiones aproximadas son 80 por 77 metros, y todos los edificios que la configuran tienen una altura similar, con planta baja soportalada, lo que confiere a la plaza una cierta unidad, a pesar de que cada una de las casas responde estéticamente, tanto en la forma de los arcos de su soportal como en la disposición y decoración de sus vanos, al momento de su construcción, por lo que encontramos así tanto algunos ejemplos medievales —escasos— como edificios construidos en los siglos XVIII y XIX y primeros años del XX.

Del siglo XVII tenemos un testimonio de la existencia de esta plaza en *El viajero de Europa*, publicado en París en 1672, cuando escribe sobre Vic que «es una ciudad pequeña, situada en ancha campiña, a orillas de un riachuelo, no viéndose alrededor sino altas montañas. Vimos que tiene calles grandes, con una gran plaza, con una fuente en medio. Las casas que la rodean están sostenidas de arcos a la manera de la plaza Real, de París, donde está el Ayuntamiento y algunos otros palacios».

En el ángulo sudeste de la plaza se encuentra el conjunto de edificios que conforman las Casas Consistoriales, construidas inicialmente en el año 1388, aunque de este momento solo reste una pequeña parte, pues han sufrido a lo largo de su historia numerosas transformaciones, de las que una de las más importantes fue la que se llevó a cabo en las últimas décadas del siglo XVII, siguiendo el plan trazado en 1670 por el carmelita descalzo fray José de la Concepción. La parte que corresponde a la Plaza Mayor es una de las más modernas, con una torre construida con piedra de sillería que responde

Vista nocturna de la Plaza Mayor.

Dos aspectos del mercado que se celebra en la Plaza Mayor de Vic, o del Mercadal, que ponen de manifiesto la vocación de la ciudad como centro comercial de la comarca.

estilísticamente al barroco de fines del siglo XVII, de planta cuadrada con soportales de medio punto en la planta inferior —uno por lado—, balcón de amplias proporciones en el principal, sobre el que destaca el escudo de la ciudad, y remate de balaustrada. Un segundo cuerpo, mucho más estrecho, a modo de torrecilla y también de planta cuadrada, soporta el reloj municipal, que fue colocado en 1820, debiendo corresponder a este momento también la mencionada torrecilla y el remate de hierro que sostiene las campanas, aunque ha sido remodelado todo ello no hace muchos años.

Iniciando un recorrido por los edificios que configuran la plaza, mencionaremos aquellos que presentan mayor interés, siguiendo para ello un itinerario contrario al movimiento de las agujas del reloj. Encontramos en primer lugar, frente a la torre del Ayuntamiento, la casa Resalú o casa Cárcer, edificio del siglo XVI, uno de los más antiguos de la plaza, que fue transformado en 1869 por el maestro de obras José Antonio Torner y nuevamente modificado en 1958 por los arquitectos Camilo Pallas y Joaquín Iglesias. En la planta inferior presenta tres arcos apuntados y se abren en sus dos plantas balcones con molduración goticista, lo mismo que en la galería de arcos apuntados que lo corona. La otra esquina de esta manzana está ocupada por la casa Beuló, con restos de su primera edificación del siglo XIV y elementos de las transformaciones realizadas en 1876 por el maestro de obras Joaquín Illa y en 1928 por el arquitecto F. Portillón que le dio su actual aspecto.

En el lado norte de la plaza, ya casi en el ángulo noroeste, mencionaremos la casa Moixó, que presenta en su fachada, labrada en piedra, restos de su arquitectura de los siglos XVI, XVII y de principios del XX, pues en 1904 fue restaurada revitalizando en ella los restos góticos existentes desde un punto de vista de arqueologismo neogoticista. Se construyó entonces el último piso con galería y curiosos pináculos.

Detalle de la casa Comella. Este magnífico edificio, construido según proyecto del arquitecto Cayetano Bohígas y Monravá, presenta bonitos esgrafiados en su fachada.

En el centro, la casa Comella, singular edificio modernista de grandes proporciones.

Por lo que corresponde al lado oeste, destacaremos tres edificios con notable interés. El primero de ellos es una casa de vecinos, levantada en 1885 por el maestro de obras José A. Torner, con dos arcos rebajados en su planta inferior y tres plantas en las que se abren balcones. La casa Bach o Tolosa es una casa señorial construida a principios del siglo XVIII, hacia 1710. Sobre dos arcos se levantan las tres plantas del edificio, con elementos barrocos, entre los que destacan los frontones que rematan los balcones de la planta noble y los arquillos de la galería superior. Por último mencionaremos la casa Costa, de estilo modernista, levantada entre 1905 y 1907 por el maestro de obras José Illa, que tiene dos interesantes fachadas con exquisita decoración, una a la Plaza Mayor y otra a la calle Verdaguer.

También hay que mencionar en el lado sur de la plaza otras numerosas casas. La primera de ellas, la casa Comella, hace esquina con las calles de Jacinto Verdaguer y Riera. Se trata de un singular edificio modernista, de grandes proporciones, edificado según proyecto del arquitecto Cayetano Bohígas y Monravá que presenta bonitos esgrafiados en su fachada; el número 10 de la plaza está ocupado por un edificio de viviendas construido en 1712 y modificado en estilo modernista con elementos neogóticos en 1905. Esta casa, junto con el edificio siguiente, obra del maestro de obras Mariano Callis en 1886, resalta de la línea de fachadas que configura este lado de la plaza, por lo que la siguiente casa aparece retranqueada. Se trata también de un edificio ecléctico, construido en 1883 por el arquitecto F. Callis Collel. Mayor interés tiene la casa Cortina, de estilo modernista, obra del ya mencionado arquitecto Bohígas y Monravá en 1893, con cinco alturas y balaustrada de antepecho goticista. Citaremos por último otra casa del siglo XIX y de fachada ecléctica. Todos estos edificios están catalogados por el Plan Especial de Protección del Centro Histórico de Vic.

CAFETERÍA
RESTAURANTE

Cáceres

La Plaza Mayor de Cáceres es, además del corazón de la ciudad, la magnífica y espectacular puerta de entrada hacia su barrio antiguo, impresionante conjunto monumental de origen medieval que emerge por su lado sur y que fue declarado Patrimonio de la Humanidad por la UNESCO en 1986.

Reconquistada definitivamente la ciudad en 1229 por las tropas del rey Alfonso IX de León, pronto comienza la entonces villa de Cáceres a desbordar las murallas, creándose junto a ellas —como en otros muchos casos— un espacio dedicado a mercado y para la celebración de las ferias que le concedió el monarca en su Carta de Población, que tenían lugar el día 15 de abril y el 15 de mayo.

El inmenso e irregular rectángulo que forma la actual Plaza Mayor de Cáceres —llamada con anterioridad plaza pública (1510), plaza de la Villa (1604), plaza de la Constitución, desde mediados del siglo XIX, y plaza del General Mola, tras la guerra civil—, que fue plaza del mercado en centurias anteriores y casi hasta nuestros días, muestra en gran parte de su perímetro las tradicionales casas porticadas de tradición medieval. Sabemos que a mediados del siglo XVI estos soportales se sustentaban con pies derechos de madera, hasta que en 1577 se mandó que se sustituyesen por arcos, para dar así más consistencia a la edificación. Las casas, que responden a distintos momentos constructivos, presentan sobre sus pétreas arquerías de arcos rebajados encalados muros en los que se abren numerosos balcones que sustituyeron a las primitivas ventanas. Los soportales antes alojaron a comerciantes y artesanos y también sirvieron de mesones y posadas, que hoy son comercios, bancos y bares.

La parte central de la plaza ha sufrido distintas transformaciones en los dos últimos siglos. Entre 1841 y 1842 se construyó un paseo con algunos árboles, circundado de un largo asiento de forma ovalada, con una entrada en cada uno de sus lados, que fue reformado en 1885, y la bandeja central se eliminó en 1923. El último gran proyecto de reforma fue realizado en 1969 bajo la dirección del arquitecto Francisco Pons

Vista de la plaza desde el interior del arco de la Estrella. El arco, llamado así por la imagen de la Virgen que lo preside, une la Plaza Mayor con el barrio antiguo.

TURISMO

Vista de la Plaza Mayor sobre la que destaca el conjunto monumental de la ciudad antigua. (Doble página anterior).

Sorolla; la plaza fue despojada de todo elemento ornamental, incluso de vegetación, mostrándose así como una gran superficie totalmente expedita que parece ofrecerse como escenario —al igual que lo había sido en otro tiempo— para torneos, corridas de toros —hasta la inauguración de la plaza de toros en 1846— y juegos de cañas. Curiosamente, pasaron a la pequeña historia de esta plaza los juegos de cañas celebrados en 1464 con motivo de las bodas de Juana, hermana del cacereño Gómez Solís, maestre de la orden de Alcántara, con el trujillano Francisco de Hinojosa. Durante el desarrollo de los juegos, fue herido el novio por Alonso de Monroy, clavero de la misma orden militar, que fue mandado apresar por Gómez Solís y recluido en la conventual de Alcántara, lo que causó numerosos enfrentamientos entre los caballeros extremeños.

En uno de los lados menores, al sudoeste de la plaza, se levanta el edificio del Ayuntamiento, cuya primera piedra era colocada solemnemente el día 24 de noviembre de 1867 en el solar donde antes se levantaba el edificio del antiguo Corregimiento de la villa, entre las dos torres de la muralla conocidas como del Horno y de la Hierba. El proyecto del nuevo edificio fue encargado al arquitecto Ignacio María de Michelena, y quedó concluida su construcción dos años más tarde. De sencillo clasicismo, esta construcción se levanta sobre una escalinata que salva el desnivel que presenta la plaza. En el piso inferior de su fachada se abren cinco amplios arcos de piedra de medio punto sobre pilares, que permiten el acceso a la logia o pórtico, que tiene el mismo número de vanos, también en arco de medio punto, de mayores dimensiones el principal, que centra su eje. El cuerpo principal del edificio, construido con mampostería —inicialmente revocada imitando el despiece de la sillería y actualmente encalada—, se desarrolla sobre una cornisa, y ofrece un balcón corrido que ocupa toda la anchura de la fachada, y apoyado sobre sólidos mensulones pétreos. Sus cinco balcones, de gran altura, se cubren con frontones rectos, y abren ventanas rectangulares en los cuatro laterales, mientras que el central se corona por el escudo de la ciudad, labrado en piedra, que antes se encontraba en el frontón del remate del edificio, en el lugar donde actualmente se aloja el reloj. Una balaustrada de piedra remata esta bella y proporcionada fachada.

El flanco meridional de la plaza reúne un interesante conjunto de edificios de innegable importancia histórica. Si nos situamos delante del Ayuntamiento, a nuestra derecha encontramos las torres del Horno y de la Hierba, posiblemente del siglo XII, esta última, torre albarrana sobre basamento romano de piedra y muros de tapial. Entre ellas hay un trozo de muralla reconstruido, pues fue volado en los últimos años de la década de 1920 para levantar en su lugar un mercado de abastos. En este solar estuvo entre 1502 y 1685 la Casa Consistorial. En 1970 se derribó el mercado, se reordenó el sector, y se trajo hasta aquí desde su primitivo emplazamiento en las afueras de la ciudad, en la parte de San Francisco, el pilar de granito que en 1577 se construyera para abrevar el ganado y que muestra en su frente maceros y escudos de Cáceres y de Felipe II. Los caños se ornan con mascarones. También se ubicó en este lugar —actualmente llamado Foro de los Balbos y antes Atrio del Corregidor— la escultura romana del siglo I que durante años estuvo alojada en la torre de Bujaco, y según ciertas opiniones es la imagen de Ceres, mientras que Mélida afirma que se trataba del Genio de la colonia Norba Caesarina.

A lo largo de los siglos, en esta Plaza Mayor se han ido levantando edificios en el mismo solar que antes ocuparon los primeros construidos en tiempos medievales.

BAR EL COPON

Junto a otros edificios de menor interés, destaca en la línea de la muralla la llamada torre de los Púlpitos, también conocida como Nueva, del siglo XV, obra de perfecta sillería que se remata en almenas y se defiende en sus ángulos con cilíndricos matacanes que han dado a la torre el nombre de *púlpitos* por el que se le conoce.

Una amplia escalera nos conduce desde la plaza a un rellano previo a la entrada al casco amurallado de la ciudad donde, según la tradición, el día 30 de junio de 1477, al llegar a Cáceres por primera vez la reina Isabel I de Castilla juró respeto y acatamiento a sus Fueros y Privilegios. La que fue la Puerta Nueva de la ciudad, construida en el siglo XV, por necesidades del trafico rodado, en el siglo XVIII fue reemplazada por el actual arco, con bóveda en esviaje, obra de Manuel de Larra Churriguera, que permitía la entrada de los carruajes al palacio de los Toledo-Moctezuma, donde residía don Bernardino de Carvajal Moctezuma y Vivero, conde de la Quinta de la Enjarada, a cuyas expensas se hizo la obra en 1726. Por el lado exterior aparece el escudo de Cáceres. En su interior un pequeño templete aloja la imagen de Nuestra Señora de la Estrella que da nombre al arco.

Deshaciendo el camino andado, de regreso a la plaza, encontraremos a nuestra derecha la ermita de la Paz, levantada en el siglo XVIII sobre la antigua ermita de San Benito. Tiene un sencillo pórtico de triple arco sobre pilares que se cierra con artística reja en la que figura la siguiente inscripción: «Esta Capilla es de Nuestra Señora de la Paz, se hizo esta obra en 1756.» Durante el siglo XIX y primer tercio del XX acogió una importante tradición local cada 23 de enero, dando un aire festivo a la plaza, en la que se lucían los trajes regionales. También desde esta ermita salía hacia Santa María la procesión de la publicación de la Bula.

Para concluir la descripción de esta interesante Plaza Mayor cacereña, nos ocuparemos de la torre de Bujaco. Se trata de una torre albarrana del conjunto defensivo, posiblemente de mediados del siglo XII, con planta cuadrangular y muros de mampostería reforzada por sillares de granito en sus esquinas, sobre basamento romano. Muestra en dichos muros matacanes aspillerados y se remata con almenas. Estuvo a punto de ser derribada en 1790, para utilizar sus materiales en la construcción del edificio de la Audiencia de Extremadura, y en 1842, con la pretensión en este caso de construir en su solar casas que ayudaran a pagar los elevados gastos de la reforma efectuada en la Plaza Mayor. Desde 1820 y hasta 1963 —cuando fue restaurada, devolviéndole su aspecto medieval— alojó en una hornacina construida entre sus almenas la escultura romana que se ha identificado como la diosa Ceres, actualmente colocada, como hemos comentado, en esta misma plaza y próxima al Ayuntamiento.

Destaca en esta torre la hermosa tribuna, sobre cuatro grandes mensulones, obra de estilo renacentista, colocada al parecer en el siglo XVIII y conocida como «balcón de los Fueros» por creerse que en ella se alzaban pendones a la proclamación de los nuevos monarcas. Es también esta torre todo un símbolo de la ciudad, pues en ella se recluyó en 1173 a los caballeros Frates de Cáceres que defendían la ciudad, ante la avanzada de los almohades, quienes, tras conseguir reducirlos, degollaron a cuarenta de ellos el día 10 de marzo; precisamente su nombre deriva del nombre del califa Abú-Ya'qub. Soportó a lo largo de siglos el reloj de la ciudad.

La Plaza Mayor de Cáceres, inmenso e irregular rectángulo es, además del corazón de la ciudad, la magnífica y espectacular puerta de entrada hacia el barrio antiguo y monumental.

Detalle del interior de los soportales que rodean la mayor parte de la Plaza Mayor de Cáceres.

La Coruña (*A Coruña*)

La coruñesa plaza de María Pita fue concebida, como bien supo ver Cervera Vera, para resolver tres necesidades: «la primera, unir la superficie del lugar conocido por *Campo de San Agustín* —donde se celebraba un mercado— con la llamada *Derribo*, procedente de los baluartes demolidos en 1840 que ocupaban el mediodía de la Ciudad Alta; la segunda, enlazar, a través de dichas superficies unidas, la *Ciudad Alta* con el barrio, entonces muy poblado, de la *Pescadería*, y la tercera, levantar una plaza representativa y mercantil presidida por la Casa Consistorial», pretensión esta muy necesaria para la ciudad, de marcado carácter mercantilista, que necesitaba desarrollar una plaza de acuerdo a su hegemonía como enclave portuario y disponer de un edificio para Ayuntamiento, ya que nunca había disfrutado de un edificio exclusivo para este fin, y tenía instalado en aquellos momentos el Concejo en el desamortizado convento de San Agustín.

En 1859, tras solicitar en 1850 a la reina Isabel II la necesaria ayuda para levantar el edificio del Consistorio, fueron concedidos al municipio, por Real Orden de 27 de abril, los solares que antes ocupaban fábricas militares. El solar se terminó de adecuar un año más tarde, con el derribo de los restos de las murallas que aún quedaban en pie.

El teniente coronel de ingenieros Joaquín Montenegro llevó a cabo un proyecto urbanístico en 1859 que sería modificado por los arquitectos Faustino Domínguez de la Cámara y José María Noya, quienes idearon una plaza completamente cerrada presidida por el edificio del Ayuntamiento en el lado norte. Modificado nuevamente en 1879 por el hijo del primero de los arquitectos, del mismo nombre, sería el arquitecto municipal Juan de Ciórraga el que dirigiera las obras.

De planta rectangular —aunque aparentemente figure cuadrada—, sus lados oeste, sur y este responden a un mismo concepto, cerrando la plaza, mientras que el edificio del Ayuntamiento se encuentra exento. Las fachadas repiten longitudinalmente un mismo módulo, que corresponde a cada casa, compuesto por tres arcos de gran altura, que per-

El edificio del Ayuntamiento preside la plaza de María Pita de La Coruña.

Fachada del Ayuntamiento. Este singular edificio fue construido entre 1904 y 1917 con proyecto del arquitecto Pedro Mariño Ortega, y se le ha definido como de «gusto de pabellón de Exposición o Gran Hotel de fines del siglo pasado».

miten disponer un entresuelo habitable, dos pisos con balcones a eje de los arcos —en la primera planta con antepechos corridos e independientes en la segunda—, y un tercer piso que remata el edificio con una galería corrida de madera, debida a una modificación del proyecto inicial. Siete calles llegan hasta esta plaza a través de otros tantos arcos.

Desde el inicio de las obras de la nueva plaza de La Coruña se tuvo siempre presente la edificación del Ayuntamiento, que tras varias dilaciones, con distintos proyectos, no se comenzó a levantar hasta 1904, siguiéndose el del arquitecto municipal Pedro Mariño Ortega, fechado en diciembre de 1901. Fue concluido en 1917 e inaugurado al año siguiente. De magníficas proporciones, está construido con piedra sillar y es un singular edificio que se corresponde estéticamente con la arquitectura que Otero Pedrayo definió como de «gusto de pabellón de Exposición o Gran Hotel de fines del siglo pasado», con la grandiosidad propia de la arquitectura de tradición neoclásica, combinada con elementos propios del modernismo imperante en 1900. Con tres pisos, en el inferior se abre una elegante arquería que cobija amplios soportales. Los dos pisos superiores se articulan en dos alas con ventanas adinteladas, enmarcadas entre las torres del edificio, que se definen arquitectónicamente en toda su altura. Sobresale por su mayor belleza el cuerpo central, con balcón cuyo arco abarca los dos pisos de la construcción y se remata con las armas de la ciudad y con esculturas que representan, simbólicamente, a las cuatro provincias gallegas. Las torres sobresalen del resto de la edificación, es de mayor altura la central, la del reloj de cuádruple esfera, y están rematadas las tres por ladrillos de reflejo metálico.

Torreón central del Ayuntamiento, con el escudo de la ciudad y el reloj municipal.

Respecto del nombre de esta plaza diremos que, en un primer momento, y por acuerdo de su Ayuntamiento de 7 de mayo de 1859, se llamó plaza de Alesón, por ser este el nombre del entonces capitán general de Galicia que hizo posible que se consiguieran para la ciudad los terrenos necesarios para su construcción. En 1868, cuando la nueva plaza

sólo contaba con un edificio, tras la revolución de septiembre, acordaba el Concejo coruñés el cambio de nombre por el de plaza de la Libertad, que se sustituiría poco después por el de plaza del Derribo, para denominarla en la sesión de 6 de octubre de 1876 plaza de María Pita, en recuerdo de esta heroína, llamada Mayor Fernández de la Cámara y Pita, que se distinguió notablemente en el ataque inglés a La Coruña en 1589 y que luchó al lado de la guarnición, junto con otras mujeres del pueblo, hasta conseguir que los ingleses, con grandes pérdidas humanas, volvieran a embarcar y se alejasen de la ciudad.

Las fachadas de las casas que configuran esta plaza de María Pita responden a un mismo esquema que se repite: arcos, dos pisos de balcones y galería acristalada.

Objeto en los últimos años de distintas reformas del pavimento y de su mobiliario urbano —se construyó bajo ella un aparcamiento—, cuando se escribe este texto —diciembre de 1996— se publica el nuevo proyecto de reforma de la plaza, en el que el Ayuntamiento de La Coruña invertirá más de 313 millones de pesetas, rebajando el grosor de su pavimento y aligerándolo, por lo que se deberán crear tres escalones para acceder a la plataforma del edificio municipal. Una de las principales novedades de este proyecto es la colocación en el centro de la plaza de un conjunto escultórico en bronce en recuerdo de la heroína coruñesa, que se ejecutará siguiendo el modelo realizado en 1890 por el escultor José González Jiménez, que en su momento no se llevó a obra definitiva por diferencias de concepto con la Real Academia de Bellas Artes de San Fernando. Sobre el pedestal, en el que se colocarán relieves con escenas de la gesta heroica que protagonizó la ciudad en 1589, se asentará el grupo de María Pita con un soldado inglés y un cañón. Farolas y bancos de granito completarán el nuevo mobiliario de la plaza.

Detalle de la fachada del Ayuntamiento, las artísticas farolas que iluminan la plaza y algunos de los edificios de viviendas que se levantan en ella.

Con anterioridad a la construcción de esta plaza de María Pita se había realizado un interesante proyecto para Plaza Mayor, no ejecutado, fechado en 1779 y atribuido al ingeniero Pedro Martín Carmeño, en la que se ubicaban los edificios del Ayuntamiento y el Palacio de los Capitanes Generales y Real Audiencia.

CIRCULO

Lugo

La plaza de España de Lugo se ubica en el espacio medieval donde se celebraba el mercado, al sur de la muralla romana y frente a la puerta del Cardo, que fue configurándose a lo largo de los años como centro del espacio urbano de la ciudad, al mismo tiempo que de una manera espontánea surgieron diversos edificios destinados a viviendas.

Ya conocida como plaza del Mercado, durante el siglo XVI se llevó a cabo la construcción de nuevas edificaciones, a la vez que se ampliaba el perímetro de la plaza con parte del solar de un antiguo convento de agustinas. Sin embargo, para su ordenación definitiva y conversión en Plaza Mayor —aunque conservando su carácter de mercado, que se celebraba martes y viernes—, sería definitiva en esa misma centuria la erección del nuevo Ayuntamiento. También se construía en 1594 un edificio para Seminario, que posteriormente ocuparon los padres franciscanos.

En el conjunto de la plaza, de planta rectangular, de 120 metros de longitud, destacan sus bellos jardines con numerosos rosales. La preside el edificio de la Casa Consistorial, que cierra su lado este, uno de los menores; en el lado oeste se encuentra la alameda, y en el norte una ancha acera que linda con los soportales y recibe el nombre de Cantón.

Uno de los cronistas de la ciudad, Narciso Peinado Gómez, dice que esta plaza «está sombreada por la popular y acogedora Alameda, centrada por gracioso y amable jardín en el que vagan juntos el aroma de las rosaledas, las melodías de la música y el susurro de los madrigales, su gran paseo, academia de un peripatetismo burgués y provinciano, es el Cantón... el mentidero y el hogar del “dolce far niente”. Los soportales que lo marginan en toda su longitud, a los que se abren elegantes y mundanos cafés de lujo y postín ya proverbial, son el rancio solar donde en los días inclementes del invierno busca refugio desde la enamorada pareja al viejo empeñado en desentumecer sus ateridos miembros». Este texto, escrito en 1970, tiene mucho que

Leones colocados en las escalera del acceso a la parte central ajardinada de la plaza, que hasta 1914 formaron parte de la monumental fuente que presidía la misma.

Ángulo de la Plaza Mayor de Lugo, con el edificio del Círculo de las Artes, construido en 1896.

ver todavía, un cuarto de siglo más tarde, con lo que es la vida cotidiana en esta ciudad de Lugo.

En 1570 el Concejo de Lugo escribía al rey don Felipe II solicitando su ayuda para la construcción de las Casas Consistoriales, alegando que «en esta Ciudad no había Casa de Consistorio en lugar conveniente y la falta y necesidad que de ella hay para la Justicia y Regimiento (...) porque los alcaldes no tienen lugar señalado donde juzgar y hacer audiencia porque una pieza que tenían donde hasta aquí se juntaban se la habían quitado para edificar una iglesia». Así, y con los privilegios concedidos por el monarca, en los últimos años del siglo XVI se comenzaba a edificar en la plaza de las Cortiñas de San Román la nueva Casa Consistorial.

A principios del siglo XVIII era tan lamentable el estado del edificio que el Concejo de Lugo envió un memorial al rey don Felipe V indicando cómo no «podemos celebrar consistorio ni alojar a los capitanes generales que hacen tránsito en ella, como siempre se vino haciendo». En 1708 se encargó a fray Gabriel de las Casas un proyecto de reedificación cuyo coste se elevaba a 24.000 ducados, pero que por falta de medios no pudo ser realizado, y en 1735 se encargaba a los arquitectos Lucas Antonio Ferro Caaveiro y Pedro da Silva que reconocieran el estado de la obra. Un año más tarde se comisionaba a Ferro Caaveiro para que se llevase a cabo un proyecto de reforma de las Casas Consistoriales, tanto en su exterior como en su interior, que fue aprobado en 25 de febrero de 1736. Tuvo que ser demolida totalmente la fachada para hacer una nueva construcción desde los cimientos, y se conservó parte de la estructura interior del edificio, que se amplió al añadirse una casa contigua y una huerta existente a sus espaldas. La obra se concluía a principios del año 1738.

Hoy la Plaza Mayor de Lugo es el resultado de una serie de edificaciones de distintos momentos y estilos. Hasta principios de siglo, las similares alturas de sus edificios favorecían la armonía del conjunto.

Construido en piedra de cantería, consta de dos pisos. En el inferior se abren ocho arcos de medio punto que dan acceso a una lonja o porche, al que también se ingresa por uno de los arcos localizados en los lados del edificio. El piso principal se articula

con dos grandes balconadas de hierro separadas por la pilastra que, a eje del edificio, soporta el coronamiento principal de la fachada, centrado por un escudo real situado bajo un decorado frontón semicircular. En la parte superior una inscripción recuerda: «ESTA OBRA SE HIZO DE CUENTA DE LOS SEÑORES JUSTICIA Y REGIMIENTO DE ESTA CIUDAD DE LUGO Y DE SU ORDEN LA ASISTIO D. JOSE VAAMONDE SU REGIDOR 1738.» En los extremos de la fachada se levantan dos pequeñas torrecillas, de aspecto casi de iglesia. Las armas de Lugo aparecen en cada una de las esquinas del edificio, bajo las torres. La cornisa se decoró con seis pináculos, entre volutas, y rematados por bolas, que se prolongan por el muro de la segunda planta con movidas placas. La torre del reloj, que se despega del conjunto, aunque imbricada ya en la construcción, fue edificada en el año 1871.

Otro edificio que debemos destacar es el del Círculo de las Artes, institución cultural de notable arraigo en Lugo, levantado en 1896 en uno de los ángulos de la plaza, con magnífica fachada de dos alturas y torre angular coronada por cúpula.

Desgraciadamente ha perdido esta plaza de España de Lugo su antiguo aspecto, que conocemos por añejas fotografías. Aún se conservan algunas de sus casas de dos o tres alturas y soportales en las plantas bajas, al igual que el popular templete o quiosco de la música, que antes se encontraba en su centro y ahora está desplazado a un lado, pero que se mantiene con el mismo fin lúdico y festivo para el que fue creado. En mayo de 1914, durante las obras de transformación de la plaza, iniciadas un año antes por el nuevo alcalde don Ángel López Pérez, se quitó la espectacular y escultórica fuente que la presidía para construir jardines, y se destruyó su pilón y el pedestal, colocando su escultura alegórica de España en la entrada del parque y los cuatro leones que arrojaban agua por sus bocas, en las escaleras que bajan de la plaza. Esta modificación en la plaza no gustó a todos los vecinos, y alguno protestó plantando nabos en los nuevos jardines.

Este magnífico edificio es uno de los más interesantes y representativos de la arquitectura edilicia de Galicia y ejemplo del barroco del siglo XVIII.

Santiago de Compostela

La plaza del Obradoiro de Santiago de Compostela, cuyo nombre tiene su origen en ser el lugar u obrador donde se trabajaban las piedras de la nueva fachada catedralicia, conocida hoy por este nombre, constituye uno de los espacios más monumentales de España. Forma parte del Conjunto Histórico-Artístico de Santiago, declarado por Decreto de 9 de marzo de 1940.

El peregrino y el turista se confunden en esta ciudad del apóstol.

A diferencia de tantas plazas que fueron evolucionando en su formación tras surgir como mercado o de las que son resultado de un proyecto unitario, el fenómeno urbanístico de esta plaza compostelana es fruto del tiempo, que hizo surgir una serie de inmuebles diferentes, que datan de los siglos XVI al XVIII. En el lado este se levantan la gran fachada catedralicia del Obradoiro y los muros de cerramiento del claustro, además del Palacio Arzobispal; en el oeste, el palacio Rajoy, hoy Ayuntamiento y sede de distintas dependencias de la Xunta de Galicia; en el lado norte, el Hospital Real, hoy Hostal de los Reyes Católicos, y por último, el antiguo colegio de San Jerónimo, actualmente dependencias universitarias, en el sur. Estos edificios, a pesar de pertenecer a diferentes épocas, ofrecen un conjunto homogéneo que tal vez se deba, según acertada frase de Torrente Ballester, al «milagro de la lluvia, que lo unifica todo».

Como afirmó Chamoso Lamas, esta plaza «constituye un grandioso ámbito en el que las perspectivas se extienden con ritmos horizontales para conquistar el sorprendente efecto que produce al centro la potente organización vertical, plena de ímpetu ascensional de la gran fachada principal del Templo».

Plaza Mayor de Galicia es también una de las metas de la cristiandad, en la que el peregrino alcanza ante la tumba del apóstol Santiago la realización del sueño jacobeo.

Comenzaremos la descripción de la plaza por la parte eclesiástica del conjunto, en su lado este. En 1738, la primitiva fachada románica de los pies de la catedral amenazaba ruina, con lo que peligraba el histórico pórtico de la Gloria del Maestro Mateo. Decidióse entonces construir una gran fachada que lo protegiese y completar el con-

La impresionante fachada del Obradoiro de la catedral compostelana preside la Plaza Mayor de Santiago.

Fachada del Hostal de los Reyes Católicos. Este magnífico edificio, hoy convertido en Parador Nacional, fue en otro tiempo Hospital Real, para acogida de los peregrinos que llegaban enfermos hasta la tumba del apóstol. A la derecha, detalle de la portada.

junto erigiendo una torre gemela a la levantada en la centuria anterior por José Peña de Toro y Domingo Andrade. Para ello se encargó un proyecto al arquitecto Fernando Casas y Novoa, arquitecto de la catedral desde 1711, quien dirigió las obras entre 1738 y 1748, fecha esta de su muerte, dos años antes de su conclusión.

Sobre la escalinata de doble rampa construida en el año 1606, Casas concibió su proyecto de la gran imafronte a manera de un soberbio retablo pétreo y grandioso arco de triunfo, con dos cuerpos y remate recortado en decreciente. Articulada por dobles columnas de fuste tallado y estriado sobre elegantes pedestales, presenta en su parte central el acceso en arco de medio punto con un cerramiento a manera de cruz. El conjunto se completa por una serie de vanos acristalados con los que consigue un gran efecto lumínico en el interior y que incide mágicamente en el pórtico de la Gloria. Sus muros se recubrieron con esculturas de santos, todas ellas policromadas.

Hacia el lado norte se encuentra el Palacio Arzobispal o palacio de Gelmírez, llamado así por ser este arzobispo, don Diego de Gelmírez, su constructor, en los primeros años del siglo XII. Su sencilla y hermética fachada de piedra sillar, rematada por una vistosa galería barroca, muestra escudos arzobispales correspondientes a las distintas fases de su construcción; se abren en ella distintos vanos y el llamado arco del palacio o del arzobispo, que comunica la plaza del Obradoiro con la de la Inmaculada. Hacia el sur

Desde las escaleras catedralicias puede disfrutarse de esta vista, casi panorámica, de la plaza del Obradoiro, con dos de sus más singulares edificios: el palacio Rajoy —hoy Ayuntamiento y sede de la Xunta de Galicia— y el Hospital Real, en la actualidad Hostal de los Reyes Católicos. Páginas 184, 185.

HOTEL
HOSTAL
DE LOS
REYES CATOLICOS

Imagen de Santiago que preside la fachada catedralicia de la plaza del Obradoiro.

se dispone el muro de cerramiento del claustro catedralicio, correspondiente al siglo XVI, con una gran balconada corrida a lo largo de toda su extensión y una galería arquitrabada en el remate.

El lado oeste de la plaza está ocupado por el llamado palacio Rajoy, magnífico edificio de impresionantes dimensiones, sede de las administraciones municipal santiaguesa y autonómica gallega.

A mediados del siglo XVIII, el Consistorio compostelano, que había ocupado ya diversos locales —en la plaza de la Quintana, plaza del Campo, Seminario de Niñas Desamparadas y Casas Reales—, decidió construir un inmueble digno para la administración municipal, y las cárceles, en el solar que frente a la catedral ocupaban las carnicerías de abasto común de la ciudad, sobre la antigua muralla y torre de la plaza, antigua cárcel, para lo cual encargó en 1764 el proyecto al arquitecto Lucas Ferro Caaveiro.

Como en aquellos mismos años el arzobispo don Bartolomé de Rajoy (1690-1772) estaba empeñado en la construcción de un Seminario de Confesores, se llegó a un acuerdo entre el Ayuntamiento y el prelado para construir en los mencionados terrenos, que eran cedidos por la ciudad para tal fin, un amplio edificio que albergara las Casas Consistoriales, el Seminario de Confesores, las habitaciones del maestro de capilla y de los niños de coro, la cárcel y otras dependencias.

Detalle de la portada del colegio de San Jerónimo, posiblemente trasladada a este lugar desde el Hospital Viejo y que podría fecharse entre 1490 y 1500.

El aspecto que presentaba la plaza del Obradoiro, antes de construirse el actual palacio Rajoy lo conocemos por un plano de principios del siglo XVIII que se conserva en la Biblioteca del Instituto Padre Sarmiento de Santiago.

El proyecto definitivo se debe al teniente coronel de ingenieros Carlos Lemaur, de nacionalidad francesa, llamado a España por el marqués de la Ensenada, quien lo llevó a cabo en 1767, conservando algunas de las características de unas trazas debidas a Lucas Ferro Caaveiro, que se custodian en el Archivo Municipal de Santiago. También del hijo de este, Miguel Ferro, se conservan dos dibujos en relación con este edificio que el profesor Bonet Correa encontró en el Archivo Histórico Nacional de Madrid.

Según Pérez Costanti, las obras comenzaron en 1766 con arreglo a planos de Andrés García de Quiñones, autor del Ayuntamiento en la Plaza Mayor de Salamanca. Al poco tiempo, el Hospital Real protestó, ya que según sus dirigentes la nueva fábrica avanzaba demasiado en el terreno de la plaza. Será por un pleito cuando, tras tirar parte de lo construido, se inicie el proyecto de Lemaur. Según Bonet, Lemaur «no tuvo más que hacer retroceder levemente el edificio para lograr satisfacer al Hospital. Al mismo tiempo se ocuparía de dar un alzado a su gusto neoclásico, que, por otra parte, no dejaba de estar de acuerdo con la obra arquitectónica de Miguel Ferro Caaveiro,

Símbolos del peregrinaje en un muro de la catedral.

que, barroco en el empleo de proporciones, masas y volúmenes, se mostró, en cambio, purista y desornamentado en los órdenes».

Las obras se prolongaron por espacio de diez años, hasta 1777, y el Ayuntamiento se trasladó al nuevo edificio una década más tarde, el 30 de junio de 1787, donde aún continúa. Hay que señalar aquí el paréntesis que significó la Real Orden de 5 de julio de 1832 por la que se establecía en el edificio la Audiencia y Capitanía General de Galicia, que pocos meses más tarde, por una Real Orden de 17 de noviembre, se trasladaba a La Coruña. Posteriormente, el 7 de abril de 1877, el arzobispo y el Ayuntamiento establecían un convenio para la utilización conjunta del edificio.

Obra de magníficas proporciones, su fachada principal es de estilo neoclásico, y fue construida en piedra. Intervinieron en ella los maestros de obras Juan López Freire y Alberto Ricoy, que la contrataban el 11 de julio de 1767. Tiene 84 metros y se organiza arquitectónicamente por tres sólidos pabellones, dos laterales y uno central, unidos por dos cuerpos, con un ritmo de severa y majestuosa horizontalidad.

El cuerpo central ofrece la mayor suntuosidad en la construcción. Ante él se erige un pórtico con cinco vanos adintelados que se desarrolla en sus dos alturas, compartido por grandes columnas adosadas de orden jónico. La balconada de este cuerpo se extiende por toda la fachada, que remata en un frontón triangular cuyo tímpano está decorado con un movido relieve de la batalla de Clavijo, realizado entre 1774 y 1776 por los escultores José Gambino y José Antonio Ferreiro, siguiendo el dibujo del pintor Gregorio Ferro Requeixo. El frontón se acaba con una airosa escultura del apóstol Santiago, obra de Ferreiro. Los cuerpos laterales, también compartimentados en alturas por columnas jónicas, presentan frontón curvo con las armas del arzobispo Rajoy. Los tramos intermedios de la construcción repiten en esquema lo ya descrito, con balcones de arco rebajado y ventanas adinteladas. Sobre todo el edificio se desarrolla una balaustrada que protege la practicable azotea.

En el entablamento de los tres cuerpos principales y en la cornisa del resto del edificio fue grabada en letras doradas la siguiente inscripción: «PRINCIPIO LA OBRA DE ESTE GRAN SEMINARIO EL AÑO 1766 Y SE CONCLUYO EN EL DE 1772. LO HIZO Y DOTO, SIENDO SEÑOR Y ARZOBISPO DE ESTA CIUDAD Y ARZOBISPADO DE SANTIAGO EL ILUSTRISIMO SEÑOR D. BARTOLOME DE RAJOY Y LOSADA, DOCTORAL QUE FUE DE ESTA APOSTOLICA Y METROPOLITANA IGLESIA Y COMISARIO GENERAL DE CRUZADA. NACIO EN LA VILLA DE PUENTEDEUME, PROVINCIA DE BETANZOS EL AÑO 1690, Y FALLECIO EN EL DE 1772.»

En el lado norte de la plaza se levanta la solemne fábrica del Hospital Real, erigida sobre trazas y plan general de Enrique Egas, mandada edificar por los Reyes Católicos para el cuidado de los peregrinos. Se comenzaron sus obras en 1501, y quedaron concluidas en 1511. Así consta en una lápida que luce la fachada que da a esta plaza del Obradoiro: «El gran Fernando y la magnífica Isabel mandaron construir para los peregrinos de Santiago esta obra, empezada en el año del Señor de 1501 y concluida en un decenio.» No obstante, diversas reformas y rectificaciones sobre los planos iniciales demoraron su definitiva terminación. En 1518 se contrató la portada con los

Concha de peregrino labrada en los muros del Palacio Arzobispal y de la catedral.

maestros franceses Guillén Colás y Martín de Blas, para insertarla en el centro de la gran fachada, de marcada horizontalidad y dos cuerpos, con amplia balconada corrida y cuatro grandes vanos, ricamente enmarcados. La portada, precedida de una cadena sostenida por pilares —que indica el derecho de asilo y de la jurisdicción especial de que gozó la institución hospitalaria—, se concibió a manera de gran máquina pétrea, en forma de retablo plateresco de tres calles, las laterales muy estrechas, que albergan imágenes bajo dosel y ofrecen un abarrocado conjunto con numerosas hornacinas y esculturas, así como diversos repertorios ornamentales, entre los que destacan frisos y doseletes. En las enjutas del arco de acceso, aparecen dos medallones con las efigies de los Reyes Católicos. La arquivolta, profusamente labrada, se remata por un friso de imágenes, bajo dosel y doseletes en los extremos. Los tres cuerpos de esta portada se concluyen con pináculos muy esculturados.

En 1675 se reformó esta gran fachada por amenaza de ruina ocasionada por algunos desplomes. En la actualidad, el antiguo Hospital Real es uno de los más importantes Paradores Nacionales de España.

Por último, y para completar el conjunto de esta plaza, nos ocuparemos del edificio del colegio de San Jerónimo o de Artistas, fundado por don Alonso de Fonseca en el Hospital de la Azabachería y que fue trasladado a este nuevo inmueble, levantado a mediados del siglo XVII por Fernández Lechuga. Su fachada principal recae sobre la plaza del Obradoiro. Destaca en sus dos plantas, con muros de sillar, su magnífica portada, que no corresponde a la fábrica del inmueble, y que, según piensa Caamaño Martínez, seguramente se trata de la del Hospital Viejo, construida entre 1490 y 1500. El edificio alberga hoy los servicios rectorales de la Universidad.

A lo largo de los siglos, esta plaza compostelana ha recibido numerosos nombres, conociéndose en primer lugar como del Hospital Real, luego de la Constitución, Mayor, de Alfonso XII y de España.

PLAZA MAYOR
Restaurante
Taberna
Restaurante

Chinchón (Madrid)

La Plaza Mayor de Chinchón constituye uno de los ejemplos más característicos en la tipología de plazas porticadas de Castilla, surgidas como resultado de una evolución natural.

El origen de esta localidad hay que buscarlo en la erección de su célebre castillo, levantado en el siglo XV y que en 1475 los Reyes Católicos cedieron, junto con sus tierras, a don Andrés de Cabrera, al concederle el señorío del lugar. Se convirtió en mayorazgo con Juana I en 1505 y Carlos I dio a sus titulares el título de condes en 1520. Será con los descendientes de este condado cuando la pequeña población comenzará a experimentar un crecimiento considerable, y se construirá su amplio templo de Nuestra Señora de la Asunción en 1537 —donde se conserva el cuadro de Francisco de Goya dedicado a su titular—, que domina desde un plano superior a la Plaza Mayor.

A principios del siglo XVI, el núcleo urbano se fue configurando en la parte baja de la población, al pie de la imponente mole de su templo parroquial, con una serie de edificios que paulatinamente, y de una forma espontánea, fue dando lugar a una plaza irregular, con inmuebles de tres plantas que se abren hacia la plaza con galerías adinteladas sobre pies derechos de madera con zapatas y con soportales en la planta baja, donde se conservan numerosas columnas de piedra de orden toscano. Esta disposición de amplias galerías resulta idónea para presenciar desde allí los actos que a lo largo de los tiempos han tenido como escenario esta Plaza Mayor, particularmente los festejos taurinos. Bajo sus soportales, en los distintos comercios allí ubicados, se venden los famosos ajos y el anís de Chinchón.

Madoz, en 1847, nos hace una concisa descripción de la plaza: «... en el centro de la población de figura oblonga y bastante llana, en lo antiguo para evitar la inundación de las aguas que descienden de los cerros que la circundan por N., E. y S. se construyeron 2 grandes alcantarillas subterráneas embovedadas de mampostería por donde se da salida a las aguas sin ser vistas, hasta muy distante de dicha plaza, en esta y en su

Callejón de la improvisada plaza de toros en la Plaza Mayor de Chinchón, que aparece engalanada para los festejos.

Detalle de la plaza al atardecer. Sus remozadas casas muestran la carpintería pintada de verde.

Vista de la monumental plaza de Chinchón con su artística iluminación.

lado S. y O. hay 2 soportales con columnas de piedra blanca, sobre las que están fabricadas las casas que sirven de tiendas de comestibles y la de ayuntamiento y carnicería con 2 y 3 órdenes de balcones o corredores de madera que sirven de vistas para las funciones públicas y corridas de novillos; en el lado del E. hay una fuente de agua gruesa con 2 abundantes caños que recibe un pilar cuadrado bastante grande para abrevadero de caballerías. Otra también con 2 caños y aguas gruesas entre E. y O. con un gran lavadero de piedra».

Entre los edificios que forman la plaza debemos destacar el del Ayuntamiento, construido en el primer tercio del siglo XVI en el solar de unas casas adquiridas en la plaza pública, en 1499, a Juan Tinajero, vecino de Illescas. Con anterioridad, y hasta esta fecha, el antiguo Concejo de Chinchón se reunía a toque de campana en el pórtico de la iglesia de Santa María de Gracia, debajo de un álamo. La fachada, en sus tres plantas, armoniza con las del resto de los edificios de la plaza, con pórtico en la planta inferior, soportado por cinco columnas de piedra, de orden toscano, sobre las que apoyan las zapatas y las carreras de madera; presenta además galería con pies derechos y zapatas, todo ello de madera, en las dos plantas superiores, convertidas así en privilegiados palcos para presenciar los festejos taurinos. La portada actual, de piedra, fue colocada en 1863, fecha esta que aparece en su clave.

Detalle de una de las casas de la plaza que mantiene en la planta baja el tradicional comercio.

Restaurada esta plaza en distintas ocasiones, en los últimos años protagonizó un curioso episodio sobre el color con que debería pintarse la carpintería de sus galerías, para lo que se llegó a proponer un referéndum entre los vecinos de la población. En la actualidad todo el maderamen de la plaza está pintado de verde.

Las fiestas de toros —junto con los juegos de cañas como los que se corrieron en 1630— han sido uno de los tradicionales espectáculos de esta plaza. Una de las noticias más antiguas de celebración de corridas de toros aquí corresponde al año 1502, cuando se comenzaba a formar arquitectónicamente, en un homenaje a Felipe el Hermoso. Nos consta que en 1537 «se corrían dos toros cuando venían los condes» y cómo, para la fiestas del Corpus de 1615, el día 6 de junio de ese año el Ayuntamiento de la villa tomaba el acuerdo de nombrar «una comisión que se encargue de adornar la plaza y tablados para las comedias y toros». En 1738, con motivo de adquirir el condado de Chinchón el infante don Felipe, hijo de Felipe V, se celebraron en su honor —ostentaba su representación el cardenal don Gaspar de Molina y Oviedo— dos corridas de toros, tras lo que quedó una curiosa descripción de la plaza que recogemos por su interés:

La Plaza Mayor de Chinchón no ha perdido su vocación comercial, como lo demuestra este mercadillo montado dentro del ruedo de la plaza de toros.

Esta tarde la plaza bien colgada
De tafetán, damascos y colores
Se miró en sus balcones adornada
De bellezas, de galas y primores.
De la plebe también se vio ocupada
Porque grandes, medianos e inferiores
Para aplaudir ventura como esta,
De los toros vinieron a la fiesta.
Llegó (estando la guardia ya formada)
A la plaza en coche Su Eminencia
De nobleza y de plebe cortejada
Su persona con gran manificencia;
Subió a la silla Regia preparada
En el balcón de la Audiencia;
Y lo restante ocupa el lucimiento
De la corte que lleva allí de asiento.

Hizo diestra la Guardia su despejo
Y el Alguacil Mayor sacó el paseo
Veinticuatro volantes que en gracejo
De la Corte, compiten al aseo.
Admirado el concurso vi, perplejo
De ver cumplir a todos con su empeño;
Pues si el caballo al viento competía,
Cada cual más ligero le corría.
Gladiador de a caballo con su lanza,
Salió airoso a la plaza y con destreza,
Puesto al frente del toro, cara a cara,
Demostró su valor y gentileza:
Fieros los toros, con pujanza rara.
Mostraron igualmente su fiereza,
Siendo catorce los que de esta suerte
Dieron los caballeros dura muerte.

La tradicional estampa solanesca de la plaza de Chinchón acondicionada con carros, talanqueras, palcos y tendidos de madera se ha sustituido ligeramente al adecuarse estructuras metálicas, más de acuerdo con el nuevo reglamento taurino, aunque se mantiene esa visión «distinta» de la plaza de toros tradicional de los pueblos castellanos. Grandes orificios en el suelo de la plaza permiten levantar las vallas y barreras.

Madrid

En el entramado urbano de la Villa y Corte de Madrid destacan dos plazas de singular importancia y trascendencia en su historia: la Plaza Mayor y la plaza de la Villa. La primera centró a lo largo de casi cuatro siglos su vida comercial y fue marco de cuantos festejos y actos públicos se celebraron en ella, mientras que la de la Villa, mucho más pequeña, cuenta como su más importante edificio con la llamada Casa de la Villa, centro de la vida municipal de la capital de España y que es en la actualidad el lugar donde son recibidos los más ilustres visitantes de Madrid.

Plaza Mayor

La Plaza Mayor de Madrid, «archivo de majeza», tal como la definió Unamuno, es, después de la de Salamanca, el espacio urbano de mayor carácter monumental de nuestro país y el primero en cuanto a la significación de los sucesos que en él tuvieron lugar. Gómez de la Serna la denominaba «patio de las Españas».

Por ser Plaza Mayor de la Villa y Corte, sirvió de escenario a entradas reales, proclamaciones de soberanos, ceremonias de bodas, nacimientos y festejos regios, así como de ajusticiamientos, autos de fe, autos sacramentales, procesiones, sin olvidar los torneos, corridas de toros, juegos de varas y cañas, etc. De ella dijo Alejandro Dumas, padre, que era el coliseo «que tenía la bóveda más bella y mejor pintada de cuantos teatros había conocido»: el cielo de Madrid.

La plaza tiene su origen en los proyectos de ampliación de la villa que se llevan a cabo durante el reinado de Juan II de Castilla, cuando poco a poco la población desborda el recinto amurallado formando un barrio nuevo, a la vez que se comienza a erigir una plaza con claro destino comercial, que pronto comenzó a ser conocida como del Arrabal, en la que fuera la antigua laguna de Luján, entre las llamadas casas de Luján, el arrabal de Santa Cruz, la cava Baja y la puerta de Guadalajara. De forma poligonal

En la complicada trama urbana del casco antiguo de Madrid la Plaza Mayor aparece como un remanso de paz.

Vista panorámica de la Plaza Mayor de Madrid, «archivo de majeza», tal como la denominó Unamuno.

irregular y porticada, sobre pies derechos de madera, ofrecía un notable desnivel, coincidente con el arranque de la actual calle de Toledo, estaba habitada principalmente por comerciantes judíos, y comenzó a regularizarse hacia 1494.

Aunque en tiempo de Carlos I, aparece este espacio mencionado en 1532 en un documento como Plaza Mayor —y consta documentalmente, además, que desde principios del siglo XVI en su recinto se celebraban corridas de toros—, no tendría rango de tal hasta el reinado siguiente, con Felipe II, cuando había alcanzado Madrid en 1561 el título de capital de las Españas. Entonces se inicia el proceso de monumentalidad con el intento fallido del corregidor Gaitán de Ayala, cuyos planos se conservan. Sabemos que Felipe II encargó a Juan de Herrera un informe sobre la manera de remodelar la plaza del Arrabal a partir de un nuevo trazado, y que se inició con tal fin un proceso de expropiaciones y derribos. En 1590, como luego veremos, se iniciaba la construcción de la Casa de la Panadería. También se pretendió en aquellos momentos dignificar y fortalecer los edificios, tal como se contempla en las Ordenanzas de Policía de 1591, donde se manda que «en todos los portales de la plaza y calle Mayor, calles de Toledo y Atocha y los demás de esta Villa donde hubiere pilares de madera, los dueños de ellos, los quiten y pongan en lugar de ellos otros de piedra con sus bases y capiteles de lo mismo». En esta misma línea se encuentra el consejo que en 1600 daba Cristóbal

Detalle de la Casa de la Panadería, con el escudo real y la placa de Plaza Mayor.

La Plaza Mayor de Madrid durante las corridas de toros celebradas en 1846 con motivo de la doble boda real, la de la reina doña Isabel II con el infante don Francisco de Asís y la de su hermana, la infanta María Luisa Fernanda, con el duque de Montpensier. Óleo de Blanchard en el palacio de Orleans, Villamanrique (Sevilla).

Pérez de Herrera al nuevo monarca, Felipe III, para que «mandase a todos los vecinos de la plaza Mayor y de la puerta de Guadalajara y calle Mayor, hasta la callejuela de San Ginés y calle de la Ropería, que va hacia la plaza, labrasen las delanteras de la misma manera... para el ornato y policía de esta villa».

Sería Felipe III quien encargase en 1617 al arquitecto real Juan Gómez de Mora el proyecto para la nueva Plaza Mayor —en el que debería tener en cuenta el edificio ya existente de la Casa de la Panadería, que se levantaba en el lado norte— , cuyos planos presentaba ante el Ayuntamiento de la villa el día 11 de septiembre del mismo año. Se llevó a cabo la construcción en dos años, teniendo que salvar notables desniveles, como se pone actualmente de manifiesto en el conocido arco de Cuchilleros. Su coste ascendió a la cantidad de 200.000 ducados.

Conocemos dos planos de la Plaza Mayor llevados a cabo por Juan Gómez de Mora en 1626 (Bibliotecas del Vaticano y del Congreso de Washington), pero ofrece mayor interés una especie de maqueta en papel, dibujada con aguadas de colores, que ejecutó el propio Mora en 1636, tras el incendio de 1631, en el que vienen anotados los nombres de cada propietario.

Según esta «maqueta» y los cuadros conservados en el Museo Municipal de Madrid, este espléndido espacio rectangular tenía una capacidad para 50.000 espectadores en los días de fiesta. Mora concibió la plaza en un perímetro de 120 por 94 metros, de acuerdo a la sección áurea, con nueve entradas, tres bajo arcos y otras seis por calles descubiertas. El conjunto se elevaba con casas de hasta seis alturas, que abrían en sus muros 477 balcones, con barandillas corridas en las dos primeras plantas. Las casas se levantaron con estructuras de madera forradas de ladrillo rojo y tejados grises, sustituidos por otros de plomo y más tarde por tejas a partir del primer incendio de 1631, evitando así que se volvieran a derretir por el fuego. Como bien ha señalado el profesor Bonet Correa, la plaza de Mora del siglo XVII, difería cromáticamente de la neoclásica, pintada de blanco, y de la actual, hoy recubierta de grisáceo revoco. Cuando se celebraban festejos, particularmente taurinos, las calles se cerraban con empalizadas y tribunas que iban de casa a casa, y se levantaban graderíos o tablados en todos los lados de la plaza —excepto en la Casa de la Panadería— hasta la altura del primer piso, cerrando los soportales. También, y como sabemos por el viajero francés Brunel, en 1655, el suelo se cubrió de arena, quedando «libre de los puestos ambulantes que se ven en ella todos los días». En los días de celebraciones, los 3.700 vecinos que moraban permanente en las distintas casas de la plaza debían desalojar sus balcones, que eran ocupados por la nobleza en las fiestas reales y vendidos por el Concejo en los otros festejos.

En el momento de su construcción solamente había dos plazas similares, la ducal de Charleville (1608-1620) y la Real o de los Vosgos en París (1605-1612), y poco tiempo después se levantaba la de Covent Garden en Londres (1631-1635).

La Plaza Mayor de Madrid se inauguró el 15 de mayo de 1620 durante las fiestas celebradas con motivo de la beatificación de Isidro el Labrador, y fue Lope de Vega el encargado de organizar unas justas poéticas, y al año siguiente sería escenario, el día 2 de mayo, de la proclamación de Felipe IV. En este mismo año la nueva plaza contemplaría, el día 21 de octubre, su primer ajusticiamiento público, la degollación de don Rodrigo Calderón, marqués de Siete Iglesias, perteneciente al grupo del antiguo valido, el duque de Lerma.

El domingo 19 de junio de 1622 fue escenario de las solemnes festividades con motivo de las canonizaciones de cuatro santos españoles, Santa Teresa de Jesús, San Ignacio de Loyola, San Francisco Javier y San Isidro Labrador, durante las que se presentaron dos comedias de Lope de Vega que tenían como asunto pasajes de la vida del santo labrador.

De gran espectacularidad resultaron los primeros festejos taurinos que tuvieron lugar en la nueva plaza, con la asistencia de Felipe IV y de su huésped, el príncipe de Gales (más tarde Carlos I de Inglaterra, pretendiente de la infanta doña María, hermana del soberano), los días 4 de mayo y 1 de junio de 1623. En los juegos de cañas organizados con el mismo motivo, que tuvieron lugar el 21 de agosto, intervinieron 500 caballos y el propio Felipe IV.

Pronto celebraría también la Inquisición sus primeros autos de fe en este nuevo recinto. Inició los desdichados juicios el del reo Benito Ferrer, el 21 de enero de 1624, acusado de fingir ser sacerdote y condenado a ser quemado vivo en un brasero existente junto a la puerta de Fuencarral, y el 14 de julio de este mismo año se sentenciaba al buhonero francés Reinaldos de Peralta a garrote vil, cuyo cuerpo fue quemado después.

En la Plaza Mayor encuentran acomodo pintores y dibujantes, que ejecutan sus retratos rápidos ante paseantes y turistas.

En esta plaza, con fiestas de toros y cañas, se celebró el casamiento de la infanta doña María con el rey de Hungría el día 12 de octubre de 1629.

A los pocos años de ser inaugurada, la plaza quedaría en parte destruida tras declararse en la madrugada del día 7 de julio de 1631 un pavoroso incendio en el lado sur, en unos sótanos cerca de la casa de la Carnicería, que se extendió hacia el arco de Toledo y se prolongó por espacio de tres días. Murieron doce personas y resultaron heridas varias decenas. Ante la imposibilidad de apagar el fuego, fueron llevadas en procesión las imágenes de las Vírgenes de la Almudena, de Atocha y de la Soledad, además del Santísimo y el cuerpo incorrupto de San Isidro. Las pérdidas se elevaron a un millón trescientos mil ducados. Sin embargo, no se suspendió la corrida de toros programada el 16 de agosto para festejar a Santa Ana, que presidió el rey Felipe IV, y durante la cual se dio un aviso de fuego, que resultó ser una falsa alarma, aunque creó gran confusión al recordar el incendio acaecido hacía poco más de un mes.

Otros autos de fe y ajusticiamientos, o la entrada pública en Madrid de la reina doña Mariana de Austria, segunda esposa del rey Felipe IV, en 1645, además de las fiestas de toros que se celebraban todos los años con motivo de las festividades de San

Isidro, San Juan y Santa Ana, fueron motivo de grandes concentraciones en esta plaza. Un nuevo incendio se declaró el día 20 de agosto de 1672 en el portal de la Casa de la Panadería, y dejó el edificio prácticamente destruido, causando veinticuatro muertos. José Ximénez Donoso, aprovechando el plano-maqueta de Gómez de Mora, se encargó de la reconstrucción del edificio —solo había quedado la parte baja—, que llevó a cabo en diecisiete meses, y cuyo coste ascendió a 200.000 ducados, que debían pagarse con la sisas reales y municipales. En su interior había unas dependencias destinadas por cesión del Ayuntamiento —al igual que los balcones de la planta principal— para los reyes, cuando se trasladaban hasta la Plaza para asistir a alguna fiesta o acto solemne.

De estas fechas es una curiosa Cédula Real de 13 de febrero de 1673 por la que la reina gobernadora, doña Mariana de Austria, madre de Carlos II, permitía, tal como recoge Répide, «que los mercaderes de la plaza pudieran poner sobre sus tiendas unos toldos o reparos de mantas con que preservar sus personas y sus mercancías de lo que los vecinos vaciaban por las ventanas, pues desde los Reyes Católicos estaba prohibido que estuviesen cubiertas con tendales o lienzos las puertas de las tiendas».

En 1680 tuvieron lugar en esta plaza dos acontecimientos muy solemnes, pero singularmente opuestos. El día 13 de enero se festejaba con las más brillantes fiestas de toros que tuvieron lugar en ella la llegada a la corte de Madrid de la reina María Luisa de Orleans, primera mujer de Carlos II, y seis meses más tarde, el día 30 de junio, se celebraba, bajo la presidencia del rey Carlos II, uno de los más largos y conocidos autos de fe —que fue plasmado por Francisco Rizzi con todo detalle en un gran cuadro conservado en el Museo del Prado— en el que fueron juzgados 118 reos, de los que se condenó a 21.

A lo largo del siglo, la Plaza Mayor de Madrid, aunque seguirá siendo marco de solemnes ceremonias —las proclamaciones de Fernando VI, Carlos III y Carlos IV—, y de festejos taurinos, aunque estos últimos pronto tendrían su escenario más apropiado en la nueva plaza de toros que el rey Fernando VI mandó construir junto a la antigua puerta de Alcalá, que se inauguró en 1754, se iría convirtiendo en lugar de mercado público.

La Casa de la Panadería albergó desde 1745, por voluntad de Felipe V, la Junta Preparatoria para la que luego sería Real Academia de Bellas Artes de San Fernando, y tras la marcha de esta a su actual sede de la calle de Alcalá, pasó a ocupar sus dependencias la Real Academia de la Historia.

La plaza fue espectadora, el día 23 de mayo de 1766, del llamado motín de Esquilache, primer movimiento contestatario de carácter popular frente al poder real que se produce en nuestra historia, pues los recortes de capas y el apuntamiento de sombrero en realidad encubrían otra serie de necesidades, particularmente la carestía de la vida, tal como se pone de manifiesto en la lista de peticiones que se preparó en esta plaza, que fue también el escenario de la comunicación de las promesas del monarca al pueblo, hechas desde el balcón de la Casa de la Panadería.

El siglo acabaría con el incendio de mayor importancia que ha sufrido la plaza, declarado el día 16 de agosto de 1790 en la parte de poniente, considerado como el más devastador, ya que el fuego se prolongó por espacio de tres días y la dejó prácticamente destruida en un tercio de su perímetro. Efectuó la reforma el arquitecto de Carlos IV

y Arquitecto Mayor de Madrid, Juan de Villanueva, quien cerró las comunicaciones de las calles que antes cortaban de arriba abajo las fachadas y las hizo entrar bajo arcos, con lo que mantuvo la continuidad de fachadas y cornisas, dándole una mayor simetría. Al mismo tiempo que suprimió la última planta de las casas, dejando cuatro arcos de esquina, con uno ciego a poniente. Con estas modificaciones sobresalieron más las fachadas de las Casas de la Panadería y Carnicería, lo que realzó la solemnidad del conjunto. También ordenó los pórticos de la planta baja mediante sólidos pilares de granito, con pilastras toscanas adosadas, y un sistema adintelado de piedra. De esta forma cambió su fisonomía barroca, por una factura clasicista, a lo que colaboró el blanco con el que se pintó. Continuaron las obras sucesivamente los arquitectos Antonio López Aguado y Custodio Moreno hasta su conclusión definitiva en 1854. La última casa construida en la plaza es la que ahora lleva el número 29, con fachada hacia la calle de Felipe III, antes callejón de los Boteros, que se levantó en 1850 con proyecto del arquitecto José María Gullart y Sánchez.

Estampas del mercado navideño en la Plaza Mayor.

El siglo XIX comenzó con las funciones reales celebradas en 19 de julio de 1803 con motivo del matrimonio de don Fernando, príncipe de Asturias, con la princesa María Antonia de Nápoles, y un año más tarde, en el mes de septiembre, se producía un conato de incendio que fue pronto atajado.

En 1805 se trasladaron las ejecuciones capitales desde esta Plaza Mayor a la plaza de la Cebada, con lo que se terminó con una de las más crueles funciones de la plaza. El cadalso se levantaba frente a la Casa de la Panadería, si la pena era de garrote vil, ante el portal de Paños, se ajusticiaba en la horca o frente a la casa de la Carnicería al reo que iba a ser degollado.

Escenario, junto con la Puerta del Sol, de las revueltas ocasionadas por la llegada de los franceses a la Corte, fue también lugar de ejecución de patriotas españoles —pues los franceses trasladaron nuevamente el lugar de ejecución a la Plaza Mayor— y marco para distintos actos con la presencia del nuevo monarca José I.

Denominada solemnemente el día 15 de agosto de 1812 como plaza de la Constitución, las Cortes de 1814 decidieron levantar allí una estatua del rey Fernando VII. Sin embargo, la reacción absolutista del monarca impidió que fraguara este acuerdo, e hizo que se cambiara en este mismo año su nombre por el de Plaza Real. En marzo de 1820 se restablecía el anterior nombre de plaza de la Constitución, y fue marco y campo de batalla entre la Milicia Nacional, que defendía la Constitución, y la Guardia Real el día 7 de julio de 1822. Restablecido el absolutismo borbónico, la plaza volvería a denominarse Plaza Real hasta la muerte de Fernando VII en 1833 y posterior motín contra el conde de Toreno en 1835, recuperando entonces el nombre de plaza de la Constitución.

Por estos mismos años concluiría su larga trayectoria como escenario de corridas reales con los festejos que tuvieron lugar en 20 de junio de 1833 con motivo de la jura de doña Isabel, como Princesa de Asturias, y particularmente con los últimos y espectaculares que se celebraron durante los días 16, 17 y 18 de octubre de 1846 con motivo de la doble boda de Isabel II con su primo el infante don Francisco de Asís, y de su hermana, la infanta María Luisa Fernanda, con el duque de Montpensier. Un año más tarde, y a propuesta de Ramón de Mesonero Romanos, se solicitaba a la reina Isabel II la cesión de la estatua ecuestre del rey Felipe III, su constructor, obra de los escultores Juan de Bolonia y Pietro Tacca que en 1616 se había instalado en los jardines de la entrada de la Real posesión de la Casa de Campo madrileña. Concedida la petición, la estatua fue colocada el día 23 de marzo de 1848. Para recordar este hecho, se puso en el pedestal la siguiente inscripción: «La reina doña Isabel II, a solicitud del Ayuntamiento de Madrid, mandó colocar en este sitio la estatua del señor rey don Felipe III, hijo de esta villa, que restituyó a ella la corte en 1606, y en 1619 hizo construir esta Plaza Mayor. Año de 1848.»

Poco después, la plaza que había sido centro de la vida madrileña y nacional, concluida finalmente en todos sus lados, quedaba convertida, como afirma Bonet Correa, «en lugar pacífico, con la estatua de Felipe III, llena de pájaros y rodeada de una elegante explanada elíptica con bancos y faroles, un jardín con árboles, su ameno espacio se convirtió en un paseo burgués y tranquilo, solo perturbado por el tránsito rodado de los coches de caballos, que lentamente circulaban por su paseo adoquinado». Posteriormente fue usada como terminal de los tranvías de Carabanchel-Leganés.

Llamada entonces de la Constitución, tras la proclamación de la I República en 1873 pasó a denominarse plaza de la República, que poco después sería además «Federal». Se desmontó entonces la figura ecuestre de Felipe III que presidía la plaza, que fue colocada de nuevo en este lugar con la Restauración en 1874 de los monarcas de la Casa de Borbón en la figura de Alfonso XII. Se volvió a llamar plaza de la Constitución —y así la recoge Pedro de Répide en su trabajo sobre las calles de Madrid—, entre 1921 y 1925, aunque, poco a poco, fue recuperando el nombre de Plaza Mayor, por el que en la actualidad se la conoce.

Escultura de Felipe III, obra de Juan de Bolonia y Pietro Tacca.

En los últimos años del siglo pasado la Plaza Mayor de Madrid y sus alrededores se convierten en el escenario donde Pérez Galdós encontrará los personajes de sus obras costumbristas —Fortunata habitaba un casón de la plaza que daba su portal hacia la Cava Baja—. A la muerte de Galdós en 1920, el periodista Mariano de Cavia propuso que fuera enterrado en este castizo lugar.

En nuestro siglo varios han sido los intentos de transformación de la Plaza Mayor de Madrid. En 1921 el arquitecto José Luis Oriol —dentro de un plan de reforma interno de Madrid, con grandes avenidas— presentó un proyecto que incluía una ruptura por el lado este, con la propuesta de colocar allí una fuente monumental con escaleras, que afortunadamente no se llevó a cabo. Entre las voces que se alzaron en contra destacó la de Torres Balbás, quien señaló que, de llevarse a cabo, se destruiría «un conjunto histórico único, cuya belleza reside, en gran parte en su cerrado recinto de construcciones iguales, la que se trata de cortar, abriendo en ella profunda brecha con el propósito poco modesto de realzarla». Afortunadamente tampoco se realizó el proyecto de reforma de García Mercadal de 1935.

Vista de la plaza al anochecer.
Páginas 210, 211.

Detalles de los frescos recuperados de la fachada de la Casa de la Panadería.

El día 15 de abril de 1931, al día siguiente de proclamarse la II República, fue derribada violentamente de su pedestal la estatua de Felipe III, que volvería a su lugar en 1940, siendo necesaria su restauración que llevó a cabo el escultor Juan Cristobal.

En 1953 se prohibió la circulación de tranvías por el centro de la plaza y la de automóviles en 1960.

Por lo que corresponde a su arquitectura, en 1956 comenzó una importante obra de restauración que culminaría con motivo de la conmemoración del centenario de la capitalidad de Madrid en 1961. Lo único lamentable en este caso fue que se cubrieran los tejados de pizarra, imitando a El Escorial. Como curiosidad debemos mencionar que un diario madrileño *Informaciones*, del día 16 de mayo de 1975, se planteaba la posibilidad de convertir toda la Plaza Mayor en sede de las distintas dependencias y oficinas municipales.

Tras varios siglos de existencia capeando diversas amenazas y reformas —como la de abrir un gran aparcamiento bajo ella, cuya obra se llevó a cabo entre 1967 y 1969— la Plaza Mayor de Madrid, aunque ya no es escenario de los grandes acontecimientos cortesanos, parece ir recobrando el esplendor de su pasado, convertida en ocasiones en lugar de concentraciones, celebración de espectáculos o de pregones festivos. También acoge mercados como el filatélico, que se celebra cada domingo desde 1927, o el navideño —glosado en un sainete de don Ramón de la Cruz— en el que antaño concurrían manadas de pavos y artesanos con sus turrones de Alicante y Jijona, perpetuado hoy con los tradicionales belenes y los «adoptados» árboles de Navidad.

Forma parte del itinerario de los cortejos de carrozas que trasladan a los nuevos Embajadores a la presentación de sus cartas credenciales al rey de España en el Palacio Real y de las distintas cabalgatas que se suceden a lo largo del año. Es además cita obligada de todos los turistas que llegan hasta la capital de España y que pueden disfrutar de un rato de solaz en las numerosas terrazas de bares, cafeterías, restaurantes, bodegas y tabernas —como la famosa Cuevas de Luis Candelas— que en ella se encuentran, o pueden adquirir distintos productos en las todavía numerosas tiendas del comercio tradicional que se alojan bajo sus soportales, herederos de los lenceros, confiteros o sederos que estuvieron allí desde el siglo XVII.

En el conjunto de la plaza, hoy armónico y sereno, que Pedro de Répide definió como «vasto patio común de una villa que ha sido corte de dos mundos», destacan sobre el resto de los tejados las torrecillas de los dos edificios que presiden sus dos lados mayores: las casas de la Panadería y de la Carnicería, edificios dependientes del Ayuntamiento, que dotan a la Plaza Mayor madrileña de su carácter de recinto oficial y municipal. No podemos olvidar que los balcones de la Casa de la Panadería acogieron a lo largo de la historia a casi todos los monarcas españoles.

La Real Casa de la Panadería tiene su nombre en su origen, pues estuvo primitivamente dedicada a tahona general del municipio. Su construcción comenzó, como ya se ha apuntado, en 1590, a cargo del maestro alarife Diego Sillero, posiblemente hermano o hijo del maestro Antonio Sillero, que en 1559 había trabajado en el convento madrileño de las Descalzas Reales. Como aparejadores intervinieron los que lo eran del Alcázar, Antonio Segura y Andrés de Herrera. Tras ser destruida por un incendio

La plaza es testigo de numerosos acontecimientos y fiestas populares. De ella parten cabalgatas, procesiones y todo un sinfín de manifestaciones populares.

en 1672, fue reconstruida según las trazas primitivas por José Ximénez Donoso, quien conservó el corrido piso principal y las torres. Así, la fachada sobre soportales presenta tres pisos con balcones corridos en los inferiores y las torres coronadas con chapiteles de pizarra. En su interior, Claudio Coello y José Ximénez Donoso pintaron al temple en el techo del salón principal una serie de alegorías que enmarcan grandes escudos. En 1715 se instaló en ella el Peso Real, que hasta entonces se encontraba en la calle de Postas. En 1880 el arquitecto municipal Joaquín María Vega llevó a cabo una nueva restauración del edificio.

Por lo que corresponde a la fachada, con motivo del casamiento en 1722 de Luis I con Luisa Isabel de Orleans, fue pintada con «adornos y niños en claroscuro», que se perdieron en el incendio de 1790. En 1880, cuando se reformó el edificio por el arquitecto municipal, para Archivo Municipal, el pintor Eduardo Martínez Cubells ejecutó las pinturas que han llegado prácticamente hasta nuestros días, hasta las realizadas en la década de 1990. En esta casa, propiedad municipal, propuso Mesonero Romanos ubicar el Ayuntamiento —que sustituiría a la Casa de la Villa, tradicionalmente incapaz para la desarrolladísima burocracia española—, y Fernández de los Ríos, en 1868, decía que era el emplazamiento perfecto para la Diputación Provincial de Madrid.

En su fachada destaca la alta inscripción en hierro recortado con corona real que recuerda la época en que se construyó, y las dos cartelas, colocadas en los arcos extremos del pórtico, que recogen distintas noticias sobre la misma. La primera contiene la siguiente inscripción: «Reinando Felipe III, por su mandato se derribó y deshizo la plaza antigua de esta villa, y se labró de nuevo, en tiempo de dos años, siendo presidente de Castilla don Fernando de Acevedo, arzobispo de Burgos, y superintendente de su fábrica el licenciado Pedro de Tapia, del Consejo Supremo de Castilla y de la General Inquisición, y

A la simetría de balcones, arcos y faroles viene a sumarse la de sombrillas, mesas, turistas y aperitivos...

corregidor de esta villa don Francisco Villacio, caballero de la Orden de Santiago, y regidores comisarios Juan Fernández, don Gabriel Ocaña y Alarcón, caballero de la Orden de Santiago; Juan Piñedo, Francisco Enriquez Villacosta, y don Fernando Vallejo, gentilhombre de cámara de Su Majestad, y se acabó el año de 1619.» En la segunda se lee: «Reinando don Carlos II, y gobernando la reina doña Mariana de Austria, su madre y tutora, habiéndose quemado esta Real Casa de la Panadería, el día 2 de agosto de 1672, se reedificó desde los cimientos, mejorada en fábrica y traza, siendo presidente de Castilla don Pedro Núñez de Guzmán, conde de Villaumbrosa y de Castronuevo, y superintendente de la obra; don Lorenzo Santos de San Pedro, del Consejo Real de Castilla, caballero de la Orden de Santiago y corregidor de esta Villa; don Baltasar de Rivadeneira y Zúñiga, marqués de la Vega, del Consejo de Hacienda, caballero del mesmo Orden, y regidores comisarios don Jerónimo Dalmao y Casavete y don Rafael Sanguinito, don Tomás de Alva y Aragón y don Andrés Martínez Navarrete, caballeros del mesmo Orden de caballería de Santiago. Acabóse en diecisiete meses. Año de 1674.»

En el lado opuesto se halla la Real Casa de la Carnicería que tomó su nombre de su primitivo destino: depósito general de carnes para el consumo de los madrileños. También se llamó, más tarde, Tercera Casa Consistorial. Obra igualmente de Sillero, repite el esquema de la Casa de Panadería. Tras el incendio que la asoló el 7 de julio de 1631 fue reconstruida con acierto.

El Arco de Cuchilleros es uno de los accesos a la Plaza Mayor, que salva con sus escaleras el desnivel existente.

ARTESANIA
ARTESANIA

Lorca (Murcia)

La plaza de España de Lorca es un singular ejemplo del barroco murciano. Como afirma su historiador Manuel Muñoz Clares, «alberga uno de los conjuntos monumentales más importantes de la Región de Murcia» y «ha permanecido casi inalterada desde el momento mismo de su concepción como espacio público destinado a acoger todo tipo de fiestas y solemnidades». Toda la ciudad de Lorca fue declarada Conjunto Histórico-Artístico por Orden de 5 de marzo de 1964.

Arco de acceso a la calle de la Cava en el edificio de las Casas Capitulares.

El origen de la actual plaza parece situarse a partir del siglo XVI, al comenzar la ciudad a desbordar su recinto amurallado, creando aquí una pequeña plaza junto a la colegiata de San Patricio. Su transformación se inició en el segundo tercio del siglo XVIII, al experimentar Lorca un notable auge económico. Se configuraba entonces la nueva Plaza Principal como un espacio regular —para lo que fue necesario la compra y expropiación de distintas casas—, que se enmarcaba por el edificio de la antigua cárcel, convertida en estas fechas en Ayuntamiento, en uno de los lados menores, el oeste, y en el otro, el este, las casas capitulares de la colegiata de San Patricio. Este templo ocupa uno de los lados mayores, el norte, mientras que el sur lo formaban una serie de casas de distintas familias.

De planta rectangular, ligeramente irregular, confluyen en esta plaza de España cinco calles: por su lado este las de ia Cava —que ingresa en la plaza a través de un arco bajo de las Casas Capitulares— y la de Santiago, y por el lado oeste, lateralmente, las del Corregidor y del Álamo, y en su centro, por debajo del edificio del Ayuntamiento, a través de otro arco, la de Selgas.

Comenzaremos la descripción de la plaza por las Casas Consistoriales, ubicadas hoy en el edificio que antiguamente fue cárcel real, construido entre 1676 y 1678, siguiendo modelos renacentistas de Vandelvira, en pleno barroco, con dos pisos de triple arquería apoyada en columnas de orden toscano de mármol de Macael, el piso inferior peatonal y el superior cerrado con balaustrada de hierro. Escudos con las armas rea-

Torre de la colegiata de San Patricio que preside la Plaza Mayor de Lorca.

les y de Lorca completan la decoración. Al necesitar mayor espacio para las dependencias municipales, en un momento de esplendor de Lorca, se piensa trasladar las Casas Consistoriales al edificio de la antigua cárcel, que también hay que ampliar, por lo que se decide mantener el edificio existente y duplicarlo, eligiendo para ello las trazas presentadas por el arquitecto Alfonso Ortiz de la Jara. Las obras se llevaron a cabo entre 1737 y 1739, hasta levantar otro cuerpo como el ya existente y como nexo de unión entre las dos logias un cuerpo más estrecho, con amplios vanos, que permitía en el inferior el ingreso en la plaza desde la calle de Selgas. El arco superior se cerró con espléndida balconada de hierro y se remató con un gran frontón a cuyos lados se colocaron las estatuas de la Caridad y la Justicia, obras del escultor Juan de Uceta en 1739. La fachada lateral del Ayuntamiento da hacia la plaza del Caño, con sencilla portada de 1737. En 1989 se procedió a una importante remodelación del edificio, que conservó la crujía hacia la plaza, y fue reinaugurado en marzo de 1994.

El lado norte está ocupado por la colegiata de San Patricio, magnífico edificio que ofrece a la plaza su fachada lateral del lado de la Epístola. La bula de erección de este templo fue dada por el papa Clemente VII en 1533 y sus obras comenzaron muy pocos años después, posiblemente con trazas de Jerónimo Quijano, aunque no se concluirían definitivamente hasta 1780. La fachada que nos ocupa presenta como elemento de mayor interés la portada llamada «del carrerón» —por la rampa que da acceso a ella, que apoya en el muro de la iglesia—, del último tercio del siglo XVI, con dos pares de columnas corintias que soportan un entablamento donde apoyan tres hornacinas con imágenes.

Las salas capitulares de San Patricio ocupan parte del lado este de la plaza y sus obras comenzaron en 1742, con proyecto del murciano Nicolás de Rueda. Con tres plantas, en la inferior se abren cuatro arcos de medio punto sobre pilares, uno de ellos de mayores dimensiones, para dar paso a la calle de la Cava. En la segunda se dispusieron balcones con barandillas de hierro —las salas capitulares propiamente dichas— y

El lado norte de la plaza está ocupado por la colegiata de San Patricio, que ofrece a esta su fachada lateral, con la portada llamada del «carrerón» —por la rampa que da acceso a ella y que apoya en el muro de la iglesia—, del último tercio del siglo XVI.

De planta rectangular, los dos lados menores de la Plaza Mayor están presididos por los edificios del Ayuntamiento y de las Casas Capitulares de la colegiata.

en la superior ventanas. Todos los huecos de esta fachada, que se corona por la imagen de San Patricio, obra del escultor Juan de Uzeta entre 1747 y 1749, están profusamente ornamentados. Completa este lado de la plaza una casa particular con bella fachada de fines del siglo XVIII, que alcanza la misma altura que las Casas Capitulares, con cinco plantas y torreón sobre el tejado, y ventanas con rejas y balcones con voladas barandillas de hierro y moldurados vanos.

Por último mencionaremos el lado sur de la plaza, que está integrado por distintos edificios, la mayor parte de ellos del último tercio del siglo XIX.

Por lo que corresponde a los elementos de ornamentación, debemos mencionar que en 1863 se encontraba en el centro un monumento a la reina Isabel II que fue desmontado tras la revolución de 1868 y sustituido más tarde por una bella fuente de cuatro pilas y columna torneada, que a su vez dejó su sitio en 1956 —trasladada a la actual alameda de la Constitución— al monumento del Sagrado Corazón de Jesús, con escultura del murciano José Planes, que posteriormente sería trasladado al patio de las Siervas de María, dejando ahora expedita la plaza que, empedrada, acoge el tradicional y afamado mercado semanal lorquino.

A lo largo de su dilatada historia la plaza de España ha acogido numerosos festejos, como corridas de toros —entre las que cabría destacar los tres festejos celebrados con motivo de la subida al trono del rey Carlos III en 1759—, procesiones cívicas y religiosas, actos políticos, como la proclamación de la segunda república y actos culturales como obras de teatro, un concierto de la Orquesta Nacional, cuadrillas de Navidad, y otros de diversa índole.

Tafalla

En el año 1636 el rey don Felipe IV otorgaba a Tafalla el privilegio de exención de guerra, le concedía el título de Ciudad con asiento en Cortes y le mandaba construir un edificio apropiado para Casa de Ayuntamiento, alojándose provisionalmente el Concejo en el edificio actualmente numerado con el número 21 en la calle de la Misericordia. Veinte años más tarde del mandato real, en 1656, el Ayuntamiento adquiría el palacio del marqués de Falces, situado en la calle de las Cuatro Esquinas, y le habilitaba para su nueva función, que desde 1836 compartiría con la cárcel y el Juzgado. Para evitar que coincidieran las salas de audiencias del Juzgado y la de sesiones del Ayuntamiento, fue necesario acondicionar el piso superior de la casa, llamado vínculo, para Juzgado y la planta baja para almudí.

Esta compleja situación animó al Ayuntamiento a pensar en la construcción de una plaza nueva en la que se ubicaría la Casa Consistorial, para lo que se convocó un concurso en 1856, que fue ganado por el arquitecto de Vitoria, Martín de Saracíbar, que presentó su proyecto el día 28 de abril del mismo año. Pronto comenzarían las obras de la plaza y el Ayuntamiento, que se dilatarían entre 1862 y 1866. Su esquema seguía el modelo de la cercana plaza de Vitoria, en la que indudablemente se inspiró su autor.

La plaza se ubicó en el Camino Real de Pamplona a Tudela, en el solar del antiguo patio del palacio real construido en el primer tercio del siglo XV por el rey Carlos III el Noble de Navarra, cuyos restos fue preciso derruir —se utilizaron incluso sus materiales.

De planta rectangular, de 89,5 por 30,5 metros, los pórticos de piedra que embellecen tres de sus lados están formados por arcos de medio punto —veintisiete arcos en el lado mayor y nueve en los laterales— apoyados en pilares de piedra que muestran en sus frentes pilastras toscanas. Sobre los pórticos se levantan dos pisos de paramentos enlucidos, con balcones rectos y bellos antepechos de hierro fundido.

Soportales en la Plaza Mayor, llamada de don Francisco de Navarra.

Aspecto general de la Plaza Mayor de Tafalla, con sus soportales, la fuente del obelisco y el quiosco de la música, colocado en 1900.

La parte central del lado este la ocupa la Casa de la Ciudad. Su armoniosa fachada destaca tan solo por algunos elementos decorativos, como las columnas adosadas a los pilares del cuerpo inferior, el balcón corrido de su planta noble, a la que se abren nueve vanos, y el pequeño frontón que alberga el reloj, colocado en 1895, y que se remata por el escudo de la ciudad. Fue inaugurada solemnemente el día 15 de agosto de 1866, para lo que salió el Ayuntamiento en corporación con su estandarte desde la vieja Casa Consistorial hasta subir a la iglesia de Santa María, y al regreso se hizo entrada e inauguró el nuevo edificio.

El conjunto de la entonces llamada Plaza Nueva y en la actualidad denominada plaza de don Francisco de Navarra, se concluyó hacia 1900 con la colocación del quiosco de música en su parte central y el obelisco de la fuente.

Detalle de la fuente del obelisco que centra la plaza.

Bilbao (*Bilbo*) (Vizcaya)

La llamada Plaza Nueva de Bilbao, levantada en los arrabales de la villa durante el segundo cuarto del siglo XIX, inmersa todavía en las formas arquitectónicas del neoclasicismo, es sin duda uno de los ejemplos más significativos del nuevo urbanismo vasco, que se desarrolló como consecuencia del apogeo que alcanzó el País Vasco durante el fecundo período de la Ilustración.

Desde la época medieval, la plaza pública de la ciudad fue el espacio que se abría entre la ría, los muros de la villa, el puente y la iglesia de San Antón, y donde se ubicaban las Casas Consistoriales y la Casa del Consulado. Esta Plaza Vieja sirvió de mercado, de escenario de grandes solemnidades, de coso taurino y como marco de cualquier actividad y acontecimiento de sus habitantes. Conocemos su aspecto por diversos grabados con vistas de los siglos XVI y XVIII, además de por los dibujos y pasteles de Losada.

En 1784, el Consistorio comienza a pensar en la construcción de una nueva plaza que uniera funcionalidad y belleza, encargando en esa fecha al arquitecto y académico Alejo de Miranda que «se demarcasen los terrenos entre Ascao y Correo para la creación de una plaza, la cual ha de ser con sus arcos en toda la circunferencia, según reglas de Arquitectura, Simetría y buen gusto». De esas frases se desprende la intención de llevar a cabo un espacio cerrado, a la manera del que había realizado Olaguibel tres años antes en la Plaza Mayor de Vitoria, que se convierte en modelo, aunque, a diferencia de esta, la de Bilbao no haya tenido en ningún momento carácter municipal, tal y como ocurre con la de los Vosgos en París, por poner un ejemplo, por pretender fundamentalmente el que se convirtiera en el centro cívico de la localidad.

De la necesidad de su construcción es testimonio un texto de Zamacola escrito en aquellos años y recogido por Guiard: «Hace falta en Bilbao una buena plaza de mercado, porque la que se conoce con el nombre de plaza de San Antón no es más que una calle corta, aunque agradable y despejada por la parte de la ribera. No da esta falta la mejor idea del buen gusto y opulencia de sus habitantes. No obstante tengo entendido

Las palmeras han vuelto a dar su toque peculiar de esplendor a esta histórica plaza. Decía un texto de Zamacola: «Hace falta en Bilbao una buena plaza de mercado… (…) No da esta falta la mejor idea del gusto y opulencia de sus habitantes.»

Una vista de la plaza desde el interior de los arcos. Los soportales cobijan muchos paseos en los días lluviosos, pero el sol siempre es bienvenido.

que hace poco tiempo trataban de construir una nueva plaza en el centro de la villa, por el modelo de la de Vitoria, y si así fuere sería de desear, si hay sitio proporcionado, que se hiciese con dos órdenes de soportales como la de Montauban, en Francia; es decir el interior para tiendas de mercaderes y paseo de las gentes dando a las oficinas la luz necesaria por los patios de las casas, y al exterior para guarecerse de la intemperie los vendedores de pescado, aves y verduras, y los feriantes, quincalleros y otros arbitristas que concurran a la plaza a vender sus géneros, todo lo cual pudiera conseguirse fácilmente haciendo un poco más altos y despejados los soportales que los de Montauban. Los pueblos donde reinan con más frecuencia las aguas y las intemperies necesitan estos auxilios para disfrutar de la sociedad.»

El proyecto presentado por Alejo de Miranda no prosperó en el Consejo Real, pero se insitió en 1805 y se acompañó con un buen número de planos realizados por el arquitecto Agustín de Humaran. En la Memoria correspondiente se destaca que esta Plaza Nueva se presentaba como una necesaria alternativa a la Plaza Vieja, proporcionando sus porches mayor comodidad para los comerciantes. La invasión de las tropas napoleónicas y los enfrentamientos surgidos entre la villa y los propietarios de los terrenos donde debía levantarse, fueron poco a poco posponiendo el inicio de las obras.

En lugar del cuadrado perfecto, que proponía el proyecto inicial del arquitecto aragonés Silvestre Pérez, se levantó un rectángulo de dieciocho y quince arcadas.

Tras la guerra de Independencia, y después de otros intentos fallidos, el

Un bar extiende sus mesas al resol que traspasa los arcos hasta su fachada.

Regimiento de la Villa solicitaba al rey don Fernando VII en 1819 su patrocinio para la obra, que aceptó, nombrando como comisario regio a don Luis María de Salazar, quien debía crear una junta gestora del proyecto integrada por ediles y comerciantes. Es entonces cuando se encarga a Silvestre Pérez —que ya había intervenido en el proyecto del Puerto de la Paz en esa ciudad— que llevase a cabo las trazas, hoy conservadas, que firma en 1821, que fueron aprobadas por la Real Academia de Bellas Artes de San Fernando el 15 de diciembre del año siguiente.

La suntuosidad neoclásica, combinada con la funcionalidad desde unos criterios absolutamente modernos, presidieron las intenciones de Silvestre Pérez. De esta forma, planteó un espacio cuadrado, con cuatro crujías enlazadas, con pórtico de veintidós arcadas de medio punto sobre pilares cuadrangulares, a los que se adosaba por el exterior media columna de orden toscano, y que se comunica con las calles que le rodean por medio de cuatro accesos en los extremos. En este proyecto de Pérez, que no fue respetado totalmente en su ejecución, cada una de las arcadas se correspondía con el acceso a un local comercial o vivienda y el pórtico se cubría por cielo raso. Presentaba así en altura, pórtico con entresuelo, tres plantas para viviendas y una superior abuhardillada.

A pesar del entusiasmo que despertaron estas trazas, el inició de las obras se demoró durante algunos años. En 1828, Fernando VII y su cuarta esposa, María Cristina de Borbón, visitan la ciudad. El Ayuntamiento reclamó la antigua promesa del patrocinio regio y para mostrar mejor a los monarcas el proyecto de Silvestre Pérez se construyó a

No hay plaza que no albergue a buenos comerciantes. La tradición ha ido añadiendo sabor y color a los de esta plaza de Bilbao.

base de bastidores una reproducción efímera de la plaza, que con gran satisfacción admiraron los monarcas. Calomarde comunicaba poco después el apoyo regio y el permiso para denominar a la nueva construcción «Plaza de Fernando VII», con el proyecto de poner una escultura ecuestre del soberano en el centro de la plaza.

El día 31 de diciembre de 1828 se colocaba la primera piedra. De las obras se encargaba el arquitecto Antonio de Echevarría, pues Silvestre Pérez había fallecido en 1825, lo que produjo en su proyecto algunas transformaciones. Y así, en vez del cuadrado perfecto del arquitecto aragonés, de veintidós arcadas por lado, se sustituyó por un rectángulo de dieciocho arcadas por un lado y quince por el otro, con un corredor de 4,95 metros, que respetaba el orden de las crujías marcado por Pérez. Propuso Echevarría el «orden dórico del Teatro Marcelo, según las reglas de Vitrubio». Durante la accidental dirección de las obras, a cargo de Avelino de Goicoechea, se introdujo otra modificación en el proyecto inicial, esta vez a petición de los propietarios, suprimiendo el último piso de las buhardillas. El primer arco se cerraba el 18 de mayo de 1830.

En 1851 las obras estaban prácticamente concluidas y parte de las viviendas de la plaza ocupadas, aunque los propietarios de algunos solares del lado de la calle Ascao impedían el cierre de la crujía por negarse a que se expropiaran y derribasen sus casas. Superados los inconvenientes, el día de Nochebuena de ese año se inauguraba la plaza con diversos festejos entre los figuraba una novillada.

En el conjunto de la plaza destaca, en el centro de uno de sus lados mayores, el

La plaza de los festejos. Aún se ve en la derecha de la imagen una parte de las cubiertas utilizadas para dar cobijo a alguna fiesta.

edificio de la Diputación Foral de Vizcaya, ocupado por esta Institución hasta 1900. Aparece integrado en el conjunto, articulado por cuatro pilastras jónicas y coronado por un frontón triangular que aloja el reloj. Sobre la línea de cornisas aparece el blasón del Señorío. En la actualidad alberga a la Academia de la Lengua Vasca.

El centro de la plaza ha mostrado diversos elementos decorativos, desde un macizo de magnolias, que posteriormente fue sustituido por una fuente, y en 1890 por la estatua del fundador de la villa, don Diego López de Haro, obra de Benlliure, así como un quiosco de música que se colocó a principios de este siglo, hoy desaparecido. Hasta la última remodelación, la plaza contó con un ornato vegetal de palmeras: sus últimos árboles.

En los años 1974 y 1975 se excavó la parte central de la plaza para la construcción de un aparcamiento subterráneo y se detectaron problemas en sus cimientos —provocados por la coincidencia de marea alta (aguaduchu) y riada—. El pavimento fue proyectado por el arquitecto Fernando Chueca Goitia, pero no se llevó a cabo toda la propuesta, que incluía una escultura de Unamuno frente al edificio de la Diputación, bancos y monumentales farolas de iluminación. El grado de deterioro alcanzado por la plaza a partir de la importante riada de 1983 hizo necesaria una profunda obra de reforma que se llevó a cabo entre 1989 y 1990 por Surbisa, Sociedad Municipal de Rehabilitación, que devolvió a la plaza su esplendor original y replantó en su interior las palmeras que en otros tiempos la habían caracterizado.

Entre los actos singulares que han tenido lugar en esta plaza recordaremos la naumaquia celebrada con motivo de la visita a Bilbao del rey Amadeo de Saboya en 1871.

Fue declarada Monumento Histórico-Artístico por Decreto de 17 de julio de 1984.

De 1937 a 1980 se denominó oficialmente plaza de los Mártires.

La Plaza Nueva, tras la riada de 1983, fue reformada en su totalidad, recobrando así su esplendor original.

125
126

San Sebastián *(Donostia)* (Guipúzcoa)

La Plaza Vieja de San Sebastián, ubicada tras la llamada Puerta de Tierra, fue centro de la vida cívica de la ciudad hasta que en 1722, en tiempos de Felipe V, el Concejo decidió levantar una nueva plaza en la que se construyeran las Casas del Concejo, encargándose el proyecto al arquitecto Hércules Torrelli. De cómo era esta Plaza Nueva tenemos un valioso testimonio en la descripción realizada por Pedro Manuel de Ugartemendía y Alejo de Miranda en 1815: «La plaza, cuya forma cuadrilonga, de doscientos y cuatro pies, de línea mayor, y de ciento y treinta y cinco menor, en claro, daba extensión bastante para la reunión del comercio diario que se hacía en ella, tenía soportales o arcadas corridas, en sus cuatro frentes, interceptadas por otras tantas bocacalles que en ella entraban, dos de ellas, que seguían de la calle de Iñigo, número 49, capaces para paso de carros y coches, y las otras de solo caballericos. Su posición demasiadamente horizontal o más bien hundido respecto del todo, para el curso cómodo de las aguas, hacía retardar el expediente de estas. En la cabeza de Poniente, se halla situada la Casa Concejil y del Consulado, con su soportal o arcada espaciosa, edificio bastante capaz y de excelentes salones, pero por sus formas exteriores de estilo churrigueresco, hacía ridícula su decoración. Los demás costados del cuadrilongo, lo componían tres series de arcadas uniformes como así mismo, las casas o frentes que sobre ellas colgaban.» Esta descripción coincide perfectamente con los grabados que conocemos.

No obstante, ese amplio espacio no llegó a cumplir sus cien primeros años ya que sería destruido en la noche del 31 de agosto de 1813, durante la guerra de Independencia, con el asalto sufrido por la ciudad a cargo de las tropas aliadas mandadas por sir Thomas Graham, provocando un incendio que asoló el antiguo casco urbano.

Tras estos trágicos sucesos, los vecinos principales se reunieron en la casa Aizpurúa, en el lugar de Zubieta, manifestando su firme voluntad de reconstruir la ciudad impidiendo así su despoblamiento, para lo que se trasladaban de nuevo a la arrui-

Balcones en la plaza de la Constitución de San Sebastián.

Bajo los balcones corridos, los arcos, que dan paso a los soportales, se adornan con un farol que sirve de iluminación al conjunto.

nada urbe el día 10 de septiembre, y se creaba una junta de obras que nombró al capitán de ingenieros don Pedro Manuel Ugartemendía como encargado de la reconstrucción.

Restaurada la monarquía borbónica tras el regreso de Fernando VII, este monarca firmaba el día 21 de julio de 1816 una Real Orden por la cual se garantizaba la reconstrucción de San Sebastián, de la que una de las primeras obras a emprender era la de la Plaza Nueva, que se proyectaba con soportales en arco de medio punto en todo su perímetro y terrados sobre puentes en las cuatro bocas de su entrada. Comenzada la construcción en junio de 1817 por los soportales, el día 16 de agosto se procedía con gran solemnidad a la colocación de las piedras angulares, en las que se introdujeron dos inscripciones relativas a la ceremonia escritas en latín, castellano y euskera, dentro de frascos de cristal. En una de ellas se ponía la nueva plaza bajo la protección del mártir San Sebastián, patrono de la ciudad, y en la otra se hacía constar los datos de Ugartemendía, su constructor; la fecha de inauguración de obras, de «gracia de MDCCCXVII, reinando felizmente en España el Sr. D. Fernando VII de Borbón» y las dimensiones proyectadas para la plaza, «doscientos cinco pies de largo, ciento treinta y dos en ancho, veinte y seis mil sesenta en cuadro», a las que se añadieron diferentes monedas del reinado de Fernando VII y una *Guía de Forasteros*.

Vista aérea de la Plaza Mayor de San Sebastián durante una concentración festiva.

Antiguo Ayuntamiento de San Sebastián. Este edificio, construido entre 1828 y 1832, fue utilizado como Ayuntamiento hasta la mitad de este siglo, cuando se trasladaron las dependencias municipales al antiguo casino.

La construcción de la plaza —que se comenzó a llamar de la Constitución durante el Trienio Liberal de 1820 a 1823— se fue dilatando, pues los propietarios de las casas que la configuraban o no iniciaban la edificación o no pretendían llevarla nunca a cabo, pero tampoco vendían sus solares a los numerosos compradores que se les presentaban, tal como aparece en una proposición dirigida por algunos vecinos al Congreso Nacional entre 1820 y 1821, en la que reclamaban que se obligara a vender los solares a estos inoperantes propietarios, colaborando así al avance de la fábrica de la plaza.

La plaza se levantó con una notable uniformidad, pues el Ayuntamiento hizo seguir a los constructores rígidas normas que pretendían «evitar por este medio toda disconformidad en la reedificación de la Plaza Nueva». De planta rectangular, se dispusieron veinte arcadas en cada uno de los lados mayores y nueve en el menor, que correspondían al lado oriental, puesto que en el occidental se levantaría la Casa Consistorial, para la que se llevaría a cabo, como luego veremos, un nuevo proyecto. Estos arcos, al igual que los cuatro de ingreso a la plaza, uno en cada uno de sus ángulos, se labraron con piedra de sillería arenisca. De cada una de las claves de sus arcos se colgó un farol para iluminar el conjunto. Sobre este piso soportalado se levantaron tres plantas para viviendas con enfoscados muros, en los que se abrieron 147 huecos, todos ellos numerados, enmarcados por sillares que daban acceso a los balcones corridos, con barandillas de balaustres de hierro torneado que, de forma decreciente en anchura, se sustentaban sobre ménsulas de piedra. Se corona cada una de las tres fachadas por alero de madera de escaso vuelo, bajo los tejados, en los que se abren algunas buhardillas.

El acceso a esta plaza se efectúa por cuatro calles cortas y paralelas, dos en cada uno de los ángulos de los lados menores, por medio de arcos carpaneles sobre pilares resaltados, formando una especie de pórtico cada uno de ellos, que se unen a las hiladas de la plaza, correspondiendo su parte superior con la primera planta de los edificios, habiendo servido de tribunas en las grandes celebraciones.

Ante la necesidad de construir un nuevo edificio para el Ayuntamiento —pues la corporación municipal había tenido desde el incendio del antiguo edificio en 1813 distintos asentamientos, y se encontraba desde 1820 en una de las primeras casas construidas en la plaza de la Constitución, la marcada con el número 9— en septiembre de 1820 el arquitecto Silvestre Pérez presentaba un proyecto para su edificación en el lado oeste de la plaza, en el solar que antes ocuparan la antigua Casa Consistorial y la Casa del Consulado. Sin embargo, el mal estado de la hacienda municipal impidió que se comenzara la obra, cuya primera piedra se colocó bajo el arco central de lo que sería el nuevo edificio ocho años más tarde, el día 10 de junio de 1828, en una solemne ceremonia que contó con la presencia en San Sebastián de los reyes Fernando VII y doña Josefa Amalia, además del obispo de Ciudad Rodrigo, del Cabildo eclesiástico y la Diputación. Un año más tarde se sacaron las obras a subasta, y acabó rematándolas José de Aguirresarobe. Llevadas a cabo bajo la dirección de Ugartamendía, se dilataron hasta 1832, y el día 19 de diciembre del mismo año los munícipes ocuparon las nuevas dependencias —que compartieron con los Juzgados y una sastrería propiedad del señor Bardy.

El edificio —destinado a Biblioteca Municipal desde 1951, tras el traslado del Ayuntamiento al edificio del antiguo casino entre los años 1941 y 1947— se levantó sobre un sólido basamento en el que abren cinco grandes arcadas con arcos de medio punto, disponiendo sus dos alturas, con balcones adintelados, entre seis columnas de orden toscano adosadas a la construcción y que soportan el entablamento, en cuya parte central se desarrolla un coronamiento con el reloj y el escudo con las armas de la ciudad de San Sebastián levantado por dos leones rampantes entre trofeos militares. Una inscripción en el dintel del arco central recordaría su construcción: «Reinando Fernando VII cuyas augustas manos colocaron la primera piedra en X de junio de MDCCCXXVIII. Año 1832» (fecha esta última de su conclusión). Durante algunas décadas fue conocida como plaza del 18 de julio.

Vitoria (*Gasteiz*) (Álava)

Al poco de iniciarse el último cuarto del siglo XVIII, un grupo de ilustrados alaveses trataron de que se llevara a cabo en Vitoria la construcción de una Plaza Mayor que cubriera las necesidades de índole comercial y lúdica de sus ciudadanos, y donde además pudiera encontrarse acomodo para una nueva Casa Consistorial, pues en aquellos momentos el Ayuntamiento tenía su asiento en el antiguo edificio de la alhóndiga, frente a la iglesia de San Miguel.

Ocupando la presidencia de la alcaldía uno de esos entusiastas ilustrados, don Ramón de Urbina y Gaitán de Ayala, marqués de la Alameda, se proponía en la sesión de 15 de marzo de 1781 la construcción de una Plaza Mayor, que «se podría componer y adornar en tres de sus lados, el cuarto quedaría adornado con la casa consistorial».

El terreno elegido para la construcción de la nueva plaza fue el llamado «fondón del mercado», lugar donde se celebraban las diferentes ferias desde últimos del siglo XV y denominado así por tratarse de una zona baja en relación con la ciudad, que se situaba en lo alto de una colina —espacio en el que se preveía se llevara a cabo el ensanche urbanístico del municipio—, que fue necesario allanar y compartimentar. Se proyectaron, además de la nueva plaza, las calles que la circundarían, de San Miguel o San Francisco, del Hospital y del Arrabal, y las manzanas de casas que la formarían. La extensión de la plaza se determinó considerando que sirviera para celebrar en ella corridas de toros, especialmente cuando personalidades reales visitasen la ciudad —de camino entre Madrid y Francia— lo que hacía necesario un cuadrado de 220 pies de lado.

Tras los pertinentes informes, el 15 de mayo se llevaron al pleno unos *Apuntes correspondientes a la obra de la Nueva Plaza,* preparados por el arquitecto local, formado en la Real Academia de Bellas Artes de San Fernando, Justo Antonio de Olaguibel, quien se apresuró a prepararlos, puesto que ya que en la sesión municipal del 1 de septiembre el alcalde informaba con agrado que se había conseguido «que los

Detalle de la Plaza Mayor de Vitoria.

Con proyecto del arquitecto Justo Antonio de Olaguibel, se construyó la llamada Plaza Nueva de Vitoria a partir de 1782. El Ayuntamiento centra su lado principal.

vecinos se prestasen gustosos a fabricar los tres frentes de la plaza». Para desarrollar y supervisar los trabajos de construcción de la plaza se nombró una junta de obras.

El 17 de octubre del mismo año, una vez realizadas las labores de desmonte, se colocaba solemnemente la primera piedra de la plaza. Al no disponer la ciudad de los fondos necesarios para financiar en su totalidad las obras, se permitió que particulares emprendieran la construcción de las casas que formarían tres frentes de la misma, quedando el cuarto reservado para la construcción de la Casa Consistorial, de cuyas obras debía hacerse cargo el Ayuntamiento.

Para llevar a cabo la construcción de los edificios de viviendas se dictaron una serie de normas muy rígidas —contenidas en el Libro de Actas del Ayuntamiento correspondiente al día 15 de noviembre de ese año—, que imponía en todas las casas un diseño uniforme tanto en la fachada exterior, hacia la plaza, como en la interior, aunque podían distribuirse las dependencias de la vivienda de manera diferente. Con ello se pretendía dar a la plaza la sensación de unidad que Olaguibel habría imprimido a su proyecto de la misma. También se establecen los distintos materiales a utilizar según cada una de las partes de la plaza, con predominio de la mampostería en las fachadas interior y exterior y en algunos casos el ladrillo y reservando la piedra para los

Fachadas exteriores de la Plaza Mayor y monumento a la batalla de Vitoria.

soportales, esquinas de las manzanas y jambas de puertas y ventanas. La carpintería debía seguir el mismo modelo y respecto al color con el que debería pintarse, se estableció el rojo para la planta baja y el verde para las dos alturas de viviendas. También se contemplaba en estas condiciones que cuando se celebraran corridas de toros y otros festejos públicos los propietarios de las casas tenían obligación de alquilar los balcones, quedándose ellos con un tercio de lo obtenido y correspondiendo los otros dos tercios al Consistorio.

Justo Antonio de Olaguibel fue nombrado director de la obra, y percibió por ello un sueldo de cuatro ducados diarios, que en total ascendieron a 58.480 reales. Tuvo como ayudante a su padre, el maestro de obras Rafael Antonio, quien cobró quince reales diarios, lo que finalmente ascendió a 20.180 reales.

Iniciada la construcción de la plaza, el día 1 de junio de 1782 el nuevo alcalde de Vitoria, Manuel del Llano, decidió abordar la obra del nuevo Consistorio con financiación procedente de los fondos de la ciudad, encargando al mismo Juan Antonio de Olaguibel el proyecto, firmado en Vitoria el día 18 de diciembre de 1782 y existente en el Archivo del Ayuntamiento de Vitoria, que fue presentado ante el Ayuntamiento cuatro días más tarde. Aprobado el proyecto en sesión del día 28 de diciembre, y creada una junta de obras, se solicitó el permiso al rey Carlos III, por medio del Consejo de Castilla. Pedido por este un informe al arquitecto Ventura Rodríguez, tras examinarlo dio su aprobación el día 24 de marzo de 1783, especificando que su traza «habiéndola especulado en todas sus partes, hallo está bien ejecutada con arreglo al arte, y su distribución adaptada con propiedad a los usos de su estilo», aunque señaló la conveniencia de suprimir la «balaustrada con que finaliza la altura de uno solo de los lienzos, por causar disonancias con las tres cornisas restantes».

Concedido finalmente el permiso para su construcción el día 2 de julio de 1783, en esa misma fecha el Concejo decidió archivar la Real Provisión por carecer de los medios económicos necesarios, puesto que el presupuesto de la obra se elevaba, según el arquitecto, a 526.397 reales de vellón.

Los propietarios de las viviendas ya construidas protestaron de esa actitud al entender que si la plaza no quedaba totalmente cerrada con la construcción del cuarto lienzo, en el que se ubicaría el Consistorio, supondría un grave perjuicio para todos.

A mediados de septiembre de 1784 comenzaban las obras del Ayuntamiento, que concluyeron cinco años más tarde, cuando el resto de la plaza estaba terminada, aunque el Consistorio no se inauguraría hasta finales del año 1791, celebrando su primera sesión en su interior el día 24 de diciembre, bajo la presidencia de su alcalde y juez don Joaquín María Hurtado de Mendoza y Martínez de Medinilla, conde de Villafuente y marqués de Mirabal. El 18 de mayo de este año la Junta del Ayuntamiento había acordado suspender a Justo Antonio de Olaguibel como director de las obras de la plaza al considerar los ediles que ya no hacía falta su presencia y que bastaría con que acudiese el día de la inauguración. No obstante, algún tiempo antes, y con motivo de la proclamación de Carlos IV, en marzo de 1789 la plaza de Vitoria fue escenario de los primeros festejos en honor del nuevo soberano, con luminarias y corridas de toros, que fueron muy celebradas pues se habían suspendido las fiestas de toros desde el inicio de las obras.

De acuerdo con el proyecto de su autor, se presenta este conjunto como una plaza exenta, con tres plantas. La primera corresponde a los soportales en arco de medio punto sobre pilares de piedra a los que se superpusieron pilastras de orden toscano y se cubren con bóvedas de arista entre fajones. En las superiores se abren balcones con barandillas de hierro, cuyos huecos se rematan por frontones —alternados rectos y curvos— en la principal, mientras que en la superior se rematan con un sencillo entablamento. Las entradas se localizan en la parte central de sus fachadas —excepto en la del Ayuntamiento— marcándose hacia el interior por un pequeño resalte con semicolumnas adosadas, en vez de las pilastras que aparecen en el resto de la plaza.

La fachada al norte aparece centrada por el Ayuntamiento, y destaca en ella el gran balcón corrido con balaustres de piedra, con cinco huecos adintelados, sobre columnas exentas de orden toscano. A ambos lados muestra dos hileras de tres balcones cada una, puesto que el resto de los vanos corresponden a casas particulares. Sobre la cornisa se desarrolla un gran frontón recto, con el escudo, coronado con jarrones en los laterales y gran escudo de piedra en su parte central. El resto del edificio, al igual que toda la plaza, lo recorre una balaustrada de piedra —la que indicaba Ventura Rodríguez que se eliminase del proyecto— interrumpida por plintos.

Interior de la plaza visto desde los soportales.

Abandonado el edificio municipal por la corporación en 1971, debido a su lamentable estado, fue reformado por acuerdo del Consistorio de 2 de febrero de 1981, recobrando su antigua prestancia.

Una característica a tener en cuenta en esta plaza es su carácter eminentemente municipal, sin ninguna intervención real, lo que la distingue incluso de algunas plazas municipales, pero que siempre contaron con el apoyo regio. Y por otro lado hay que señalar el carácter de paseo con el que se concibió, ya que los comercios que quedarían en el interior, tenían que ser muy escogidos, pues no se permitía la carga y descarga y esos tenían que contar con una puerta exterior para esas faenas. Y también se prohibió el paso de carros y caballerías en el interior. Para la instalación de puestos de mercado se dispusieron, en los cuatro ángulos exteriores, otras tantas plazoletas, evitando así que dentro del recinto hubiera tales molestias.

Durante algunos años ocupó la parte central de la plaza un quiosco para música de hierro con elementos neoárabes.

BBV
ServiRed

Alfaro

El casco urbano de la villa riojana de Alfaro se asienta en las laderas del cerro Tambarria, en su parte baja. Población de origen árabe, fue reconquistada por Rodrigo Díaz de Vivar, el Cid Campeador, en 1072, y fue engrandecida en 1126 por el rey Alfonso VII, por lo que pronto se establecieron en ella muchos cristianos rescatados del cautiverio.

Por su estratégica situación, esta villa desempeñó un importante papel en la historia, pues en ella, en 1208 concertaron una tregua los reyes de Castilla, León, Aragón y Granada, y Sancho IV convocó Cortes en 1288, que se hicieron famosas por la muerte de don Lope de Haro. En mayo de 1457 se pactó en Alfaro la paz entre los reyes de Castilla y Navarra.

Entre sus edificios de arquitectura civil destaca el del Ayuntamiento, enclavado en la plaza de España. Una de las primeras noticias sobre esta plaza de España de Alfaro nos la proporciona Madoz en 1845 al describir esta ciudad riojana destacando sus seis plazas, entre las que «la principal está embellecida con la casa de Ayuntamiento que se concluyó en 1841 y tiene hermosos portales, y con otras pertenecientes a varios vecinos construidas bajo un sencillo y vistoso plan, que si llega a terminarse formará una de las mejores plazas de la provincia».

Efectivamente, en 1839 se inició por parte del Concejo la construcción de un edificio para Ayuntamiento, centrando lo que se quería que fuera Plaza Mayor, que cerrara el espacio abierto delante de la iglesia parroquial de San Miguel Arcángel, para lo que realizó el proyecto del arquitecto Manuel Faustino de Velasco. Mucho más ambicioso de lo realizado, debió quedar inconcluso al faltar los recursos necesarios para la obra. De estilo neoclásico, tiene pórtico con cinco amplios arcos de medio punto de sillería almohadillada que introducen al porche, cubierto con bóvedas de lunetos. En el piso principal cinco vanos adintelados dan acceso al balcón corrido que ocupa toda la fachada, coronado el central con el escudo de la ciudad. Sobre un segundo piso con

Soportales de la Plaza Mayor.

Frente al edificio del Ayuntamiento se levanta la iglesia parroquial de San Miguel con fachada barroca de ladrillo de principios del siglo XVII.

balcones, se desarrolla el sencillo y vacío frontón triangular. Este edificio fue incendiado el 24 de agosto de 1897, y restaurado con posterioridad.

En el lado izquierdo del Ayuntamiento —siempre desde el punto de vista del espectador— el propietario Antonio Marco levantó en 1843 un edificio, que siguió la pauta del municipal, con arquería de cuatro arcos de medio punto y dos plantas en las que se abren balcones entre pilastras de fuste estriado. La casa de la derecha, que completa la fachada oeste, es mucho más moderna, y mantiene la disposición ya descrita aunque con algunas pequeñas variantes.

El centro de la plaza está ocupado por el tradicional quiosco de la música y es lugar de concentraciones y bailes durante las fiestas patronales.

El resto de edificios civiles que conforman el conjunto, alguno de ellos con soportales, responden a distintos momentos y fueron construidos con distintos materiales.

Mayor interés presenta la iglesia parroquial de San Miguel Arcángel, que se sitúa en frente del Ayuntamiento. Fue comenzada a construir en el siglo XVI y concluida entre 1680 y 1685. Su fachada principal se levanta en el lado este de la plaza, y se trata de una magnífica fábrica de ladrillo, de principios del siglo XVII, con dos torres de base cuadrada y remate octogonal con chapitel, y aparatosa portada de triple arco triunfal sobre la que desarrolla una galería de arquillos coronada por un curioso adorno mixtiforme.

La Plaza Mayor de Alfaro presenta distintas construcciones, como esta del Ayuntamiento, levantado en estilo neoclásico a mediados del siglo XIX.

La Plaza Mayor de Alfaro mantiene en su centro el quiosco de la música, antes existente en la mayor parte de las plazas mayores de España.

Valencia

Tras la demolición entre 1854 y 1860 de la antigua Casa de la Ciudad, edificada durante el siglo XIV, el Concejo se trasladó con permiso del Gobernador Civil a la llamada Casa de la Enseñanza, edificio de severa arquitectura construido entre 1758 y 1763 por el arzobispo de Valencia don Andrés Mayoral para educación de niñas.

En los primeros años de este siglo, por necesidades de ensanche y urbanización de la ciudad se demolieron los cuarteles de caballería e infantería en que se había convertido tras la exclaustración de 1835 del antiguo convento de San Francisco —muy próximos a la sede del Concejo— pensándose entonces en utilizar una parte del solar para la edificación de una nueva fachada que se uniera al viejo edificio. Preparados los proyectos por los arquitectos municipales Carlos Carbonell y Francisco de Mora, fueron aprobados el día 29 de octubre de 1905, y se colocó la primera piedra al día siguiente. No quedaría concluido hasta avanzada la década de 1940.

La fachada que da a la plaza ofrece una espectacular visión ecléctica. De ella destaca la gran portada, con columnas y altorrelieves de Mariano Benlliure representando la Administración y la Justicia que bordean el arco central con clave blasonada. De tres alturas, en la planta baja aparecen dos cuerpos salientes unidos por una gran balconada o tribuna sobre la puerta principal, obra posterior realizada en piedra en 1970, según proyecto de Román Giménez, que se remata en forma de torre, con esculturas sobre columnas en su frente. En el frontispicio central el gran escudo de Valencia entre dos alegorías de Benlliure. Centra la fachada una torre de cincuenta metros de altura, con reloj y campanil de hierro que se inauguró el día 12 de marzo de 1930. El resto del conjunto se articula por pilastras corintias entre las que se abren balcones con antepechos. Dos torres laterales, de planta circular, rematan el edificio.

La nueva fachada del Ayuntamiento daba a la entonces llamada plaza de Castelar, luego del Caudillo y en la actualidad del País Valenciano, espacio resultante del derri-

Fachada del Ayuntamiento con su artística iluminación nocturna.

Urbanizado el solar del antiguo convento de San Francisco a mediados del siglo XIX, la plaza del Ayuntamiento de Valencia se constituye como una de las más grandes de España.

bo del antiguo convento de San Francisco, en cuyo centro se plantó un pintoresco jardín, el parque de Castelar, en el que se colocaron los monumentos a Ribera y al marqués de Campo, ambas de Benlliure. Años antes, en 1852 se había construido la antigua estación de ferrocarril, que fue destruida en 1920. Todo ello atrajo la atención hacia esta nueva zona de la ciudad, y animó a construir distintos edificios y casas de vecinos a propietarios particulares.

También encontraría aquí su ubicación el nuevo edificio de Correos, para cuya construcción ofreció el alcalde de Valencia en 1910 un solar frente al que se construía la nueva fachada del edificio consistorial, que fue aceptado por el Gobierno, por lo que se abrió un concurso entre los arquitectos españoles para presentar proyectos. Se encargó de la obra el arquitecto zaragozano Miguel Ángel Navarro, con quien colaboró su paisano el escultor Carlos Palao, y se construyó entre 1915 y 1923. No podemos dejar de mencionar el edificio del Ateneo Mercantil, con proyecto definitivo en 1931 de los arquitectos Zavala, Rivas y Arzadun, construido entre 1935 y 1940.

En 1928 se inició una radical transformación de la plaza. Se talaron los árboles, trasladándose las esculturas monumentales a otros lugares. Los quioscos, que se habían ins-

La bella plaza del Ayuntamiento de Valencia es el centro de la capital del Turia.

talado a lo largo de los años para venta de distintos productos fueron derribados y se allanó el terreno, quedando concluida la nueva urbanización de la plaza en 1933, año en que se inauguró en su parte central la plataforma para el mercado de flores, polémica pero interesante construcción de Javier Goerlich, como opina Garín, que presentaba un rompimiento circular en el centro, con vistas a dicho mercado y cascadas en sus tres vértices.

El conjunto de esta plaza del País Valenciano, con planta rectangular y de amplísimas proporciones, presenta una interesante serie de edificios construidos prácticamente al mismo tiempo que los oficiales que hemos mencionado. Son obra de los arquitectos Francisco Mora Berenguer; Francisco Almenar, Joaquín Rieta (edificios Gil y Cervera), Javier Goerlich, arquitecto mayor del Ayuntamiento desde 1931 y autor de la mayor parte de las casas que configuran la plaza (edificio de la Société Générale de la Banque), Eduardo Burgos (edificio de Cuadrado, cuya planta baja ocupa el Banco Zaragozano); Vicente Rodríguez (edificio de La Equitativa); Cayetano Borso (edificio Rialto), y otros.

Esta plaza, en su momento llamada del Caudillo, estuvo presidida desde 1964 por una escultura ecuestre del general Francisco Franco, obra de José Capuz, que fue desalojada de su pedestal tras la muerte del anterior Jefe del Estado. Entre las placas

Detalle de la fachada del edificio de Correos levantado entre 1915 y 1923, con esculturas de Carlos Palao.

conmemorativas destacaremos una en recuerdo de Canalejas, en la fachada del edificio de Correos

La plaza del País Valenciano acoge cada año la «plantá» de una falla que es quemada en la noche del día 19 de marzo, festividad de San José, patrono de la ciudad. Como curiosidad recogeremos una interpretación sobre el origen de las fallas, de José Martínez Aloy, publicada hacia 1915: «En Valencia dura poco el invierno. Así que promedia el mes de Marzo incomodan en muchas casas y talleres los trastos, esteras y paramentos que el uso ha envejecido, y se hace con ellos una hoguera que sirve de distracción a las gentes del barrio. Esta costumbre, que puede ser antigua, encarnó por fin en la víspera de San José, por ser esta la única fiesta alegre que ofrece el tiempo cuaresmal, y tuvo en los carpinteros un apoyo muy decidido, puesto que así festejaban a su patriarcal colega y patrono. Los chicos que son diablos, se empeñaron en vestir monigotes con el desgarrado traje de algún vecino; los grandes, más tarde, construyeron tablados para plantificar la despiadada contrafigura; y la sátira, la malicia, el buen humor y el sentido artístico de los valencianos han convertido paulatinamente el galichado montón en escena pintoresca y punzante sobre efímero monumento.»

La plaza está ocupada habitualmente por numerosos puestos de venta de flores.

Bibliografía

AGAPITO Y REVILLA, Juan: *Las calles de Valladolid*, Valladolid, 1937, reedición en Valladolid, 1982.

AGUILAR GARCÍA, M.ª Dolores: *Guía artística de Archidona*, Málaga, 1984.

AGUILAR GARCÍA, M.º Dolores (coordinadora): *Actas del Coloquio de Urbanismo Barroco. Archidona, II Centenario Plaza Ochavada (1786-1986)*, Málaga, 1989.

ÁLVAREZ DE LA BRAÑA, Ramón: *Guía del viajero en Santiago*, León, 1885.

ANDRÉS ORDAX, Salvador: «Urbanismo en Vitoria, 1780-1830», *II Congreso Español de Historia del Arte*, Valladolid, 1978, págs. 102-117.

ARTOLA, Miguel: «La reconstrucción de San Sebastián (1814-1820)», *Revista de la Universidad de Madrid*, núm. 18, 1956, págs. 135-191

BALAGUER, V.: *Las calles de Barcelona en 1865*, Barcelona, 1888, tomos I y III.

BERTRÁN ABADÍA, Ramón: *La forma de la ciudad. Las ciudades de Aragón en la Edad Media*, Zaragoza, 1992.

BONET CORREA, Antonio: «El urbanismo barroco y la plaza del Obradoiro en Santiago de Compostela», *Archivo Español de Arte*, núm. 127, 1958, págs. 215-227.

—: *Morfología y ciudad. Urbanismo y arquitectura durante el Antiguo Régimen en España*, Barcelona, 1978.

—: «Plaza Mayor», *Madrid*, Madrid, 1980, tomo I, págs. 41-60.

BOVER, Inmaculada: «Arquitectura modernista en Vich», *Estudios Pro Arte*, núm. 5, enero-marzo, 1976, págs. 56-63.

CAAMAÑO MARTÍNEZ, Jesús María: «La portada de San Jerónimo en Campostela», *Cuadernos de Estudios Gallegos*, 1957, tomo XII, núm. 36, págs. 167-178.

CASAS, J.: «La plaza de España de Bañolas», *Gerona*, núm. 67, 1974, págs. 33-37.

CASTAÑEDO, Ángel: *Teorías de la tierra. Recuerdos de la Plaza Vieja e Historia de la Moderna*, Almería, 1911.

CERVERA VERA, Luis: *La Plaza Mayor de Ávila (Mercado Chico)*, Ávila, 1983.

—: *Plazas Mayores de España, I*, Madrid, 1990.

CONTE, Ángel: *Aínsa, donde Aragón es leyenda*, Zaragoza, 1976.

CORRAL, José del: «Plaza de la Villa», *Madrid*, Madrid, 1980, tomo I, págs. 101-120.

—: *La Plaza Mayor de Madrid*, Madrid, 1987.

CRESPO, José María: «Plaza Mayor de Zamora», *Arquitectura*, año 5, núm. 57, septiembre 1963, págs. 3-5.

CHUECA GOITIA, Fernando: *Breve historia del urbanismo*, Madrid, 1968.

DÍAZ DE BALDEÓN, Clementina: *Almagro, arquitectura y sociedad*, Toledo, 1993.

FERNÁNDEZ VALLESPÍN, Arístides: «Resurrección de la Plaza de Zocodover», *Reconstrucción*, año IV, núm. 33, 1943, págs. 167-176.

FLORIANO, Antonio C.: *Guía histórico-artística de Cáceres*, Cáceres, 1929.

FRAGA GONZÁLEZ, M.ª del Carmen: «Las plazas de Las Palmas», *III Coloquio de Historia Canario-Americana*, Las Palmas de Gran Canaria, tomo II, págs. 297-316.

GALANTE GÓMEZ, Francisco: *El Ideal Clásico. Arquitectura Canaria*, Las Palmas de Gran Canaria, 1989.

GARCÍA GAÍNZA, Concepción, y otros: *Catálogo Monumental de Navarra. II Merindad de Olite*, Pamplona, 1986 (Tafalla, pp. 451-505).

GARÍN ORTIZ DE TARANCO, Felipe M.ª y otros: *Catálogo Monumental de la Ciudad de Valencia*, Valencia, 1983.

JULIÁN IGUALADA, José de: *Cuenca. La Muy Noble, Muy Leal e Impertérrita*, Cuenca, 1985.

LADRÓN DE GUEVARA, Antonio de Blas: *Historia de la Muy Noble y Muy Leal Ciudad de Alfaro*, Zaragoza, 1915.

LARIZ Y GARCÍA SUELTO, Benito de, y DÍAZ BALLESTEROS, Miguel: *Historia de la villa de Ocaña y pueblos circunvecinos*, 2 vols., Ocaña, 1868 y 1878.

LARUMBE MARTÍN, María: *Justo Antonio de Olaguibel, arquitecto neoclásico*, Vitoria, 1981.

LINAZASORO, José Ignacio: *Permanencia y arquitectura urbana. Las ciudades vascas de la época romana a la Ilustración*, Barcelona, 1978.

LOZANO BARTOLOZZI, María del Mar: *El desarrollo urbanistico de Cáceres (siglos XVI-XIX)*, Cáceres, 1980.

MALDONADO Y COCAT, Ramón José: *Almagro, Cabeza de la Orden y Campo de Calatrava*, Madrid, 1978.

MANZANO MONIS, Manuel: «La plaza de Alcaraz y Andrés de Vandelvira», *Boletín de la Sociedad Española de Excursiones*, 1946, pág. 157.

MARTÍN GONZÁLEZ, Juan José:«Anotaciones sobre la Plaza Mayor de Valladolid», *Boletín del Seminario de Arte y Arqueología de Valladolid*, tomo XXV, 1959, pág. 161 y ss.

MARTÍNEZ O´CONNOR, José Diego: *Monumentos, barrios, plazas y rincones de Almería*, Almería, 1977.

MARTÍNEZ TABOADA, Pilar: «La Plaza Mayor de Sigüenza. Análisis de su ampliación en la primera mitad del siglo XVI a la luz de los documentos del archivo catedralicio», *Anales Seguntinos*, vol. III, núm. 9, Sigüenza, 1993, págs. 7-62.

—: *Urbanismo medieval y renacentista en la Provincia de Guadalajara: Sigüenza, un ejemplo singular*, Madrid, 1990.

MARTÍNEZ SUÁREZ, Xosé Lois: *A praza de María Pita: 1859-1959*, Santiago de Compostela, 1993.

MORALES PADRÓN, Francisco: *Memorias de Sevilla*, Córdoba, 1981.

MORALES SARO, M. C.: *Oviedo, arquitectura y desarrollo urbano*, Oviedo, 1981.

NERO, Narciso del: *Chinchón desde el siglo XV*, edic. de 1964.

OLIVA PRAT, M.: «La Plaza Mayor de Bañolas (Gerona)», *Boletín de la Real Academia de Bellas Artes de San Fernando*, núm. 15, 1962, págs. 55-58.

PEINADO GÓMEZ, Narciso: *Lugo monumental y atístico*, Lugo, 1970.

PEÑASCO DE LA PUENTE, Hilario, y CAMBRONERO, Carlos: *Las calles de Madrid. Noticias, tradiciones y curiosidades*, Madrid, 1989.

«Plaza de la Constitución en Donostia-San Sebastián», *Monumentos Nacionales de Euskadi, Guipúzcoa*, Zamudio, 1985, págs. 143-154.

«Plaza Nueva en Bilbao», *Monumentos Nacionales de Euskadi, Vizcaya*, Zamudio, 1985, págs. 103-112.

PORRES MARTÍN-CLETO, Julio: *Historia de las Calles de Toledo*, II, Toledo, 1971.

RÉPIDE, Pedro de: *Las calles de Madrid*, Madrid, 1971.

RICARD, Robert: «La Plaza Mayor en España y en América Española (Notas para un estudio)», *Estudios Geográficos*, año XI, núm. 39, mayo 1950, págs. 321-327.

RINCÓN GARCÍA, Wifredo: *Ayuntamientos de España*, Madrid, 1988.

ROJAS-MIX, Miguel A.: *La plaza mayor. El urbanismo, instrumento de dominación colonial*, Barcelona, 1978.

RUBIO ROJAS, Antonio: *Cáceres, ciudad histórico-artística*, Cáceres, 1981.

RUPÉREZ ALMAJANO, María Nieves: *Urbanismo de Salamanca en el siglo XVIII*, Salamanca, 1992.

SAMBRICIO, Carlos: *Territorio y ciudad en la España de la Ilustración*, Ministerio de Obras Públicas, Madrid, 1991.

SÁNCHEZ VIGIL, Juan Miguel: *El valle del Tajuña. Pueblos, historia, tradiciones, leyendas y cultura*, Madrid, 1991.

SÁNCHEZ VIGIL, Juan Miguel, y ALONSO HERREROS, Carlos: *Toros en Chinchón*, Madrid, 1992.

SANCHO MEDINA, M.ª del Carmen: *Medinaceli, su historia y monumentos*, Madrid, 1991.

SIMÓ, Trinidad: *La arquitectura de la renovación urbana en Valencia*, Valencia, 1973.

SOLÀ MORALES, Ignasi, y LÓPEZ DE GUEREÑA CALDERÓN, Arantza: *La plaça Reial de Barcelona. De la utilidad y ornato público a la reforma urbana*, Barcelona, 1982.

TOLIVAR FAES, J.: *Nombres y cosas de las calles de Oviedo*, Oviedo, 1992.

VILLANUEVA MUÑOZ, Emilio Ángel: *Urbanismo y arquitectura en la Almería moderna (1780-1936)*, Almería, 1983.

VV. AA.: *Resúmen histórico del urbanismo en España*, Instituto de Estudios de Administración Local, Madrid, 1954.

VV. AA.: «Plazas. Sesión de crítica de arquitectura», *Revista Nacional de Arquitectura*, núm. 181, enero, 1957, págs. 19-46.

VV. AA.: *Historia del urbanismo sevillano*, Sevilla, 1972.

VV. AA.: *La arquitectura de nuestra ciudad*, Sevilla, 1974.

VV. AA.: *La Mesa de Ocaña en el siglo XVIII. Arte y sociedad a los ojos de un viajero ilustrado de Antonio Ponz y otros autores*, Ocaña, 1982.

ZÁRATE MARTÍN, M. Antonio, y VÁZQUEZ GONZÁLEZ, Alfonso: *El casco histórico de Toledo. ¿Un espacio vivo?*, Toledo, 1983.

Créditos fotográficos

Las fotos que se reproducen en este libro han sido proporcionadas por los siguientes archivos y fotógrafos: Agromayor; Archivo Gráfico Espasa; AISA; Carlos Navajas; Efraín Pintos; Fotosíntesis; Iberdiapo; Index; Juan Ruiz; Oronoz; Prisma; Pepe Lucas; Juan Miguel Sánchez Vigil.